L'ÉGLISE VIT DE L'EUCHARISTIE

JEAN-PAUL II

L'ÉGLISE VIT DE L'EUCHARISTIE

Lettre encyclique

Présentation par
MGR JEAN-PIERRE RICARD
archevêque de Bordeaux
président de la Conférence
des évêques de France

Documents d'Église

BAYARD ÉDITIONS – FLEURUS-MAME
LES ÉDITIONS DU CERF
PARIS

2003

Bayard – 3, rue Bayard — 75393 Paris Cedex 08
Fleurus-Mame – 15-27, rue Moussorgski – 75018 Paris
ISBN 2-7289-1096-0
Cerf – 29, boulevard La Tour-Maubourg
75340 Paris Cedex 07
ISBN 2-204-07254-0
ISSN 0983-9062

LETTRE ENCYCLIQUE

ECCLESIA DE EUCHARISTIA

DU SOUVERAIN PONTIFE

JEAN-PAUL II

AUX ÉVÊQUES
AUX PRÊTRES ET AUX DIACRES
AUX PERSONNES CONSACRÉES
ET À TOUS LES FIDÈLES LAÏCS
SUR L'EUCHARISTIE
DANS SON RAPPORT À L'ÉGLISE

PRÉSENTATION

Chaque année, les prêtres du monde entier étaient habitués à recevoir une lettre pour le Jeudi saint, la fête du sacerdoce. Cette fois-ci, en la vingt-cinquième année de son pontificat, le pape fait une exception pour le bonheur de toute l'Église. Il nous propose un texte plus large sur le mystère eucharistique, mystère central pour le prêtre, mystère central pour tout baptisé, mystère central pour l'Église. À partir de sa propre expérience pastorale, il désire faire découvrir au monde entier la beauté de ce sacrement, qui contient tout le trésor de l'Église et qui nous met en relation intime avec le Seigneur. Il s'agit d'une encyclique, la quatorzième de son pontificat, et donc d'un texte d'une haute valeur dans l'enseignement magistériel, qui fait suite à la lettre sur le mystère et le culte de l'Eucharistie, *Dominicae Cenae*, que le Saint-Père avait déjà adressée à l'Église, le 24 février 1980.

Le XXe siècle a été fécond en encycliques sur l'Eucharistie. Les papes n'ont cessé de donner des enseignements sur le sacrement par excellence. Aujourd'hui, le pape Jean-Paul II, faisant référence aux différents documents de ses prédécesseurs, nous invite à approfondir quelques aspects essentiels de ce sacrement à propos duquel, au cours de chaque eucharistie, nous nous exclamons avec une joie profonde : *Il est grand le mystère de la foi !* Il est tellement grand que nous n'aurons jamais fini d'explorer et de saisir le sens de ce don immense qui nous est fait. Cette encyclique est pour chacun une occasion renouvelée de méditer sur l'Eucharistie, à laquelle les fidèles sont invités à participer chaque semaine, pour la vivre de manière toujours plus intense; ils pourront y puiser de nombreuses grâces spirituelles et de nombreux fruits pour la vie quotidienne ainsi que pour la mission. Par cette présentation, je veux seulement souligner quelques aspects principaux du document, appelant les prêtres et les fidèles à saisir cette occasion pour raviver le don de Dieu qui est en eux, la grâce du sacerdoce pour les premiers et la grâce du baptême pour tous.

L'Eucharistie est tout d'abord une re-présentation du sacrifice unique du Christ sur la croix. C'est un élément que le pape développe particulièrement, nous signifiant que l'Eucharistie rend présent et efficace le don du Christ sur la croix, par amour pour les hommes. Chaque fois que nous célébrons ce mystère, nous faisons mémoire, au sens fort du mot, de l'acte sauveur du Seigneur, dans l'attente que se réalise définitivement le salut du monde au terme de l'histoire, lorsque Dieu sera tout en tous.

Un des aspects sans doute les plus difficiles à saisir dans le monde contemporain est le mystère de la transsubstantiation (n. 15), où le pain et le vin sont changés en corps et sang du Seigneur. Dans la foi, nous sommes appelés à reconnaître que le Christ est réellement, substantiellement et totalement présent sous les espèces du pain et du vin, comme il nous l'a lui-même demandé, car par ses paroles, répétées par le prêtre selon son commandement, se réalise ce qu'il dit. Cette présence du Sauveur est une présence agissante et efficace, et un « remède d'immortalité » comme le disait saint Ignace d'Antioche.

La messe est un acte important tout d'abord pour les prêtres. Elle doit occuper la place centrale dans leur vie quotidienne et dans leur ministère, car elle modèle toute leur existence, les conformant totalement au Christ, tout autant dans leur être que dans leur mission. L'Eucharistie rend proches du Christ tous ceux qui y participent. Reprenant ce que soulignait le Concile Vatican II, elle est la source et le sommet de toute vie chrétienne (cf. *Lumen gentium*, n. 11) et de toute évangélisation (cf. *Presbyterorum ordinis*, n. 5). Le pape nous rappelle que, à la messe, nous sommes en quelque sorte contemporains du Christ, que nous sommes plus proches des mystères du Seigneur que ne l'étaient les disciples au soir du Jeudi saint, car ils ne pouvaient pas, dans un regard de foi, embrasser l'ensemble de la valeur rédemptrice du mémorial, n'ayant pas encore vécu ni contemplé les mystères de la Passion et de la Résurrection. Au cours de l'Eucharistie, chacun d'entre nous, ministres ordonnés et fidèles, se rend en quelque sorte spirituellement au Cénacle, pour participer à la Cène et pour devenir le disciple bien-aimé qui se penche sur la poitrine du Maître afin que son cœur batte au rythme du divin cœur. Nous marchons à côté du Christ tout au long de la Passion, rendant grâce pour l'amour qu'il nous témoigne dans sa douleur extrême. Nous nous tenons au pied de la croix avec la Vierge Marie, contemplant le don que Dieu nous fait dans la mort de son Fils. Nous nous rendons au tombeau avec les saintes femmes pour découvrir avec joie le Seigneur ressuscité au matin de Pâques. Au cours de la liturgie eucharistique, c'est donc tout le mystère chrétien qui s'offre à notre contemplation et qui nourrit notre foi et notre vie spirituelle.

La proximité avec le Seigneur imprime dans l'existence et dans la foi de tout fidèle une dimension spirituelle particulière, lui rappelant que toute sa vie doit être eucharistique et que chaque journée peut être lue à la lumière de ce sacrement La messe devient le modèle de notre vie; nous reconnaissons alors que nos temps d'épreuve ressemblent aux ténèbres de la Passion et que nos temps de joie s'apparentent à l'exultation du matin de Pâques. Faire mémoire de la Passion, de la mort et de la Résurrection du Christ conforte notre foi et notre espérance, et nous pousse à marcher vers la Pâque définitive, car l'Eucharistie anticipe l'éternité. Mais la célébration eucharistique ne nous éloigne pas du monde; au contraire elle nous renvoie à notre mission dans l'histoire, souligne le Saint-Père.

Le pape insiste beaucoup sur le rôle de l'Eucharistie dans l'édification du Corps du Christ qui est l'Église. Au soir du Jeudi saint, la Cène est le lieu même de la naissance de l'Église et du ministère sacerdotal. L'Eucharistie est le centre de la vie de l'Église. Elle communique à tous les fidèles la vie même de Dieu, les invitant à l'intimité profonde avec lui, pour qu'ils soient missionnaires jusqu'à la fin des temps. L'unité des disciples du Seigneur provient de la participation à l'Eucharistie. En effet, l'union au Christ nous unit à toute l'Église, faisant de tous les baptisés un corps et un seul peuple, dont le Seigneur est la tête. Cependant, il nous faut prendre garde de croire que la participation commune à l'Eucharistie peut unir « naturellement » des frères encore séparés. L'unité suppose au contraire la reconnaissance de la valeur plénière du sacrement de l'Eucharistie, du ministère ordonné, en particulier du ministère du successeur de Pierre et des évêques, qui sont les garants de la communion.

Le Saint-Père nous rend aussi attentifs à quelques « éléments pratiques ». Nul n'est propriétaire de l'Eucharistie. La célébrer selon ce que l'Église demande est un signe d'unité et de communion. De même, tout prêtre et toute communauté sont appelés à célébrer le Seigneur avec une grande dignité, dans le respect des règles liturgiques.

Enfin, dans la logique de la lettre sur le Rosaire, un aspect plus original de la pensée de Jean-Paul II transparaît dans la méditation sur la place de Marie qui, parce qu'elle a porté Jésus et lui a donné naissance, devient le modèle de l'Église qui conserve avec amour le Corps de son Seigneur. La Vierge est donc pour tout croyant un guide sûr pour comprendre et pour vivre dans la foi le mystère eucharistique.

À la suite du pape, je ne peux qu'inviter les prêtres et les fidèles à approfondir le mystère eucharistique, pour percevoir la grandeur de la participation fréquente à la messe et pour retrouver le culte du mystère eucharistique pendant la célébration et en dehors de cette dernière, restant en tout temps les yeux fixés sur le Christ. Toute visite au Saint-Sacrement constitue un temps fort dans la journée d'un chrétien. En aimant rencontrer le Christ au Saint-Sacrement de l'autel, nous affermissons notre amour pour lui et nous repartons transformés. Comme le rappelle le Saint-Père en conclusion, l'Eucharistie est pour tous une force transformante ; elle est nourriture pour notre marche et elle fait de nous des témoins d'espérance, car le Christ ressuscité nous accompagne sur les routes du monde, jusqu'au terme de l'histoire, lorsque il sera tout en tous.

+ Jean-Pierre RICARD,
archevêque de Bordeaux,
président de la Conférence
des évêques de France.

INTRODUCTION

1. L'ÉGLISE VIT DE L'EUCHARISTIE (*Ecclesia de Eucharistia vivit*). Cette vérité n'exprime pas seulement une expérience quotidienne de foi, mais elle comporte en synthèse *le cœur du mystère de l'Église*. Dans la joie, elle fait l'expérience, sous de multiples formes, de la continuelle réalisation de la promesse: « Et moi, je suis avec vous tous les jours jusqu'à la fin du monde » (*Mt* 28, 20). Mais, dans l'Eucharistie, par la transformation du pain et du vin en corps et sang du Seigneur, elle jouit de cette présence avec une intensité unique. Depuis que, à la Pentecôte, l'Église, peuple de la Nouvelle Alliance, a commencé son pèlerinage vers la patrie céleste, le divin Sacrement a continué à marquer ses journées, les remplissant d'espérance confiante.

À juste titre, le Concile Vatican II a proclamé que le Sacrifice eucharistique est « source et sommet de toute la vie chrétienne ».[1] « La très sainte Eucharistie contient en effet l'ensemble des biens spirituels de l'Église, à savoir le Christ lui-même, notre Pâque, le pain vivant, qui par sa chair, vivifiée par l'Esprit Saint et vivifiante, procure la vie aux hommes ».[2] C'est pourquoi l'Église a

[1] CONC. ŒCUM. VAT. II, Const. dogm. sur l'Église *Lumen gentium*, n. 11.

[2] CONC. ŒCUM. VAT. II, Décret sur le ministère et la vie des prêtres *Presbyterorum ordinis*, n. 5.

le regard constamment fixé sur son Seigneur, présent dans le Sacrement de l'autel, dans lequel elle découvre la pleine manifestation de son immense amour.

2. Au cours du grand Jubilé de l'An 2000, il m'a été donné de célébrer l'Eucharistie au Cénacle, à Jérusalem, là où, selon la tradition, elle a été accomplie pour la première fois par le Christ lui-même. *Le Cénacle est le lieu de l'institution de ce très saint Sacrement.* C'est là que le Christ prit le pain dans ses mains, qu'il le rompit et le donna à ses disciples en disant: « Prenez et mangez-en tous: ceci est mon corps, livré pour vous » (cf. *Mt* 26, 26; *Lc* 22, 19; *1 Co* 11, 24). Puis il prit dans ses mains le calice du vin et il leur dit: « Prenez et buvez-en tous, car ceci est la coupe de mon sang, le sang de l'Alliance nouvelle et éternelle, qui sera versé pour vous et pour la multitude en rémission des péchés » (cf. *Mc* 14, 24; *Lc* 22, 20; *1 Co* 11, 25). Je rends grâce au Seigneur Jésus de m'avoir permis de redire au même endroit, dans l'obéissance à son commandement « Vous ferez cela en mémoire de moi » (*Lc* 22, 19), les paroles qu'il a prononcées il y a deux mille ans.

Les Apôtres qui ont pris part à la dernière Cène ont-ils compris le sens des paroles sorties de la bouche du Christ? Peut-être pas. Ces paroles ne devaient se clarifier pleinement qu'à la fin du Triduum pascal, c'est-à-dire de la période qui va du Jeudi soir au Dimanche matin. C'est dans ces jours-là que s'inscrit le *mysterium paschale*; c'est en eux aussi que s'inscrit le *mysterium eucharisticum*.

3. L'Église naît du mystère pascal. C'est précisément pour cela que l'Eucharistie, sacrement par excellence du mystère pascal, *a sa place au centre de la vie ecclésiale.* On le voit bien dès les premières images de l'Église que nous donnent les Actes des Apôtres: « Ils étaient fidèles à écouter l'enseignement des Apôtres et à vivre en communion fraternelle, à rompre le pain et à participer aux prières » (2, 42). L'Eucharistie est évoquée dans la « fraction du pain ». Deux mille ans plus tard, nous continuons à réaliser cette image primitive de l'Église. Et tandis que nous le faisons dans la célébration de l'Eucharistie, les yeux de l'âme se reportent au Triduum pascal, à ce qui se passa le soir du Jeudi saint, pendant la dernière Cène, et après elle. En effet, l'institution de l'Eucharistie anticipait sacramentellement les événements qui devaient se réaliser peu après, à partir de l'agonie à Gethsémani. Nous revoyons Jésus qui sort du Cénacle, qui descend avec ses disciples pour traverser le torrent du Cédron et aller au Jardin des Oliviers. Dans ce Jardin, il y a encore aujourd'hui quelques oliviers très anciens. Peut-être ont-ils été témoins de ce qui advint sous leur ombre ce soir-là, lorsque le Christ en prière ressentit une angoisse mortelle et que « sa sueur devint comme des gouttes de sang qui tombaient jusqu'à terre » (*Lc* 22, 44). Son sang, qu'il avait donné à l'Église peu auparavant comme boisson de salut dans le Sacrement de l'Eucharistie, *commençait à être versé.* Son effusion devait s'achever sur le Golgotha, devenant l'instrument de notre rédemption: « Le Christ..., grand prêtre des biens à venir..., entra une fois pour toutes dans le sanctuaire, non pas avec du

sang de boucs et de jeunes taureaux, mais avec son propre sang, nous ayant acquis une rédemption éternelle» (*He* 9, 11-12).

4. *L'heure de notre rédemption.* Bien qu'il soit profondément éprouvé, Jésus ne se dérobe pas face à son «heure»: «Que puis-je dire? Dirai-je: Père, délivre-moi de cette heure? Mais non! C'est pour cela que je suis parvenu à cette heure-ci!» (*Jn* 12, 27). Il désire que les disciples lui tiennent compagnie, et il doit au contraire faire l'expérience de la solitude et de l'abandon: «Ainsi, vous n'avez pas eu la force de veiller une heure avec moi? Veillez et priez, pour ne pas entrer en tentation» (*Mt* 26, 40-41). Seul Jean restera au pied de la Croix, à côté de Marie et des pieuses femmes. L'agonie à Gethsémani a été l'introduction de l'agonie sur la Croix le Vendredi saint. *L'heure sainte,* l'heure de la rédemption du monde. Quand on célèbre l'Eucharistie près de la tombe de Jésus, à Jérusalem, on revient d'une manière quasi tangible à son «heure», l'heure de la Croix et de la glorification. Tout prêtre qui célèbre la Messe revient en esprit, en même temps que la communauté chrétienne qui y participe, à ce lieu et à cette heure.

«*Il a été crucifié, est mort et a été enseveli, est descendu aux enfers, le troisième jour est ressuscité des morts*». Aux paroles de la profession de foi font écho les paroles de la contemplation et de la proclamation: «*Ecce lignum crucis in quo salus mundi pependit. Venite adoremus*». Telle est l'invitation que l'Église adresse à tous l'après-midi du Vendredi saint. Elle continuera à chanter ensuite durant le temps pascal en proclamant: « *Surrexit Dominus de sepulcro qui pro nobis pependit in ligno. Alleluia* ».

5. « *Mysterium fidei* — Mystère de la foi! » Quand le prêtre prononce ou chante ces paroles, les fidèles disent l'acclamation: « Nous proclamons ta mort, Seigneur Jésus, nous célébrons ta résurrection, nous attendons ta venue dans la gloire ».

Par ces paroles, ou par d'autres semblables, l'Église désigne le Christ dans le mystère de sa Passion, et *elle révèle aussi son propre mystère: Ecclesia de Eucharistia*. Si c'est par le don de l'Esprit Saint à la Pentecôte que l'Église vient au jour et se met en route sur les chemins du monde, il est certain que l'institution de l'Eucharistie au Cénacle est un moment décisif de sa constitution. Son fondement et sa source, c'est tout le *Triduum pascal*, mais celui-ci est comme contenu, anticipé et « concentré » pour toujours dans le don de l'Eucharistie. Dans ce don, Jésus Christ confiait à l'Église l'actualisation permanente du mystère pascal. Par ce don, il instituait une mystérieuse « contemporanéité » entre le *Triduum* et le cours des siècles.

Penser à cela fait naître en nous des sentiments de grande et reconnaissante admiration. Dans l'événement pascal et dans l'Eucharistie qui l'actualise au cours des siècles, il y a un « contenu » vraiment énorme, dans lequel est présente toute l'histoire en tant que destinataire de la grâce de la rédemption. Cette admiration doit toujours pénétrer l'Église qui se recueille dans la Célébration eucharistique. Mais elle doit accompagner surtout le ministre de l'Eucharistie. C'est lui en effet qui, en vertu de la faculté qui lui a été conférée par le sacrement de l'ordination sacerdotale, effectue la consécration. C'est lui qui prononce, avec la puissance qui lui vient du Christ du Cénacle, les paroles: « Ceci est mon corps, livré pour vous... Ceci est la coupe de mon sang versé pour vous... » Le prêtre prononce ces paroles, ou plutôt *il met sa bouche et sa voix à la disposition de Celui qui a prononcé ces paroles au Cénacle* et qui a voulu qu'elles soient répétées de génération en génération par tous ceux qui, dans l'Église, participent ministériellement à son sacerdoce.

6. Par la présente encyclique, je voudrais raviver cette « admiration » eucharistique, dans la ligne de l'héritage du Jubilé que j'ai voulu laisser à l'Église par la lettre apostolique *Novo millennio ineunte* et par son couronnement marial *Rosarium Virginis Mariæ*. Contempler le visage du Christ, et le contempler avec Marie, voilà le « programme » que j'ai indiqué à l'Église à l'aube du troisième millénaire, l'invitant à avancer au large sur l'océan de l'histoire avec l'enthousiasme de la nouvelle évangélisation. Contempler le Christ exige que l'on sache le reconnaître partout où il se manifeste, dans la multiplicité de ses modes de présence, mais surtout dans le Sacrement vivant de son corps et de son sang. *L'Église vit du Christ eucharistique,* par lui elle est nourrie, par lui elle est illuminée. L'Eucharistie est un mystère de foi, et en même temps un « mystère lumineux ».[3]

[3] Cf. JEAN-PAUL II, Lettre apost. *Rosarium Virginis Mariæ* (16 octobre 2002), n. 21: *AAS* 95 (2003), p. 19; *La Documentation catholique* 99 (2002), pp. 959-960.

Chaque fois que l'Église la célèbre, les fidèles peuvent en quelque sorte revivre l'expérience des deux disciples d'Emmaüs: « Leurs yeux s'ouvrirent, et ils le reconnurent » (*Lc* 24, 31).

7. Depuis que j'ai commencé mon ministère de Successeur de Pierre, j'ai toujours voulu donner au Jeudi saint, jour de l'Eucharistie et du sacerdoce, un signe d'attention particulière en envoyant une lettre à tous les prêtres du monde. Cette année, la vingt-cinquième de mon pontificat, je voudrais entraîner plus pleinement l'ensemble de l'Église dans cette réflexion eucharistique, et cela également pour remercier le Seigneur du don de l'Eucharistie et du sacerdoce: « Don et mystère ».[4] Si, en proclamant l'Année du Rosaire, j'ai voulu placer cette vingt-cinquième année *sous le signe de la contemplation du Christ à l'école de Marie,* je ne puis laisser passer ce Jeudi saint 2003 sans m'arrêter devant le « visage eucharistique » du Christ, montrant plus fortement encore à l'Église la place centrale de l'Eucharistie. C'est d'elle que vit l'Église. C'est de ce « pain vivant » qu'elle se nourrit. Comment ne pas ressentir le besoin d'exhorter tout le monde à en faire constamment une expérience renouvelée?

8. Quand je pense à l'Eucharistie, tout en regardant ma vie de prêtre, d'évêque, de Successeur de Pierre, je me rappelle spontanément les nombreux moments et lieux où il m'a été donné de la célébrer. Je me souviens de l'église paroissiale de

[4] Tel est le titre que j'ai voulu donner à un témoignage autobiographique à l'occasion de mon cinquantième anniversaire de sacerdoce.

Niegowić, où j'ai exercé ma première charge pastorale, de la collégiale Saint-Florian à Cracovie, de la cathédrale du Wawel, de la basilique Saint-Pierre et des nombreuses basiliques et églises de Rome et du monde entier. J'ai pu célébrer la Messe dans des chapelles situées sur des sentiers de montagne, au bord des lacs, sur les rives de la mer; je l'ai célébrée sur des autels bâtis dans les stades, sur les places des villes... Ces cadres si divers de mes Célébrations eucharistiques me font fortement ressentir leur caractère universel et pour ainsi dire cosmique. Oui, cosmique! Car, même lorsqu'elle est célébrée sur un petit autel d'une église de campagne, l'Eucharistie est toujours célébrée, en un sens, *sur l'autel du monde*. Elle est un lien entre le ciel et la terre. Elle englobe et elle imprègne toute la création. Le Fils de Dieu s'est fait homme pour restituer toute la création, dans un acte suprême de louange, à Celui qui l'a tirée du néant. C'est ainsi que lui, le prêtre souverain et éternel, entrant grâce au sang de sa Croix dans le sanctuaire éternel, restitue toute la création rachetée au Créateur et Père. Il le fait par le ministère sacerdotal de l'Église, à la gloire de la Trinité sainte. C'est vraiment là le *mysterium fidei* qui se réalise dans l'Eucharistie: le monde, sorti des mains de Dieu créateur, retourne à lui après avoir été racheté par le Christ.

9. L'Eucharistie, présence salvifique de Jésus dans la communauté des fidèles et nourriture spirituelle pour elle, est ce que l'Église peut avoir de plus précieux dans sa marche au long de l'histoire. Ainsi s'explique *l'attention empressée* qu'elle a toujours réservée au Mystère eucharistique, at-

tention qui ressort de manière autorisée dans l'œuvre des Conciles et des Souverains Pontifes. Comment ne pas admirer les exposés doctrinaux des décrets sur la sainte Eucharistie et sur le saint Sacrifice de la Messe promulgués par le Concile de Trente? Au cours des siècles qui ont suivi, ces pages ont guidé la théologie aussi bien que la catéchèse, et elles sont encore une référence dogmatique pour le renouveau continuel et pour la croissance du peuple de Dieu dans la foi et l'amour envers l'Eucharistie. À une époque plus proche de nous, il faut mentionner trois encycliques: *Miræ caritatis* de Léon XIII (28 mai 1902),[5] *Mediator Dei* de Pie XII (20 novembre 1947)[6] et *Mysterium fidei* de Paul VI (3 septembre 1965).[7]

Le Concile Vatican II n'a pas publié de document spécifique sur le Mystère eucharistique, mais il en a illustré les divers aspects dans l'ensemble de ses documents, spécialement dans la constitution dogmatique sur l'Église *Lumen gentium* et dans la constitution sur la sainte Liturgie *Sacrosanctum concilium*.

Moi-même, dans les premières années de mon ministère apostolique sur la Chaire de Pierre, par la lettre apostolique *Dominicæ cenæ* (24 février 1980),[8] j'ai eu l'occasion de traiter certains aspects du Mystère eucharistique et de son inci-

[5] *Leonis XIII P.M. Acta* XXII (1903), pp. 115-136;

[6] *AAS* 39 (1947), pp. 521-595; *La Documentation catholique* 45 (1948), col. 195-251.

[7] *AAS* 57 (1965), pp. 753-774; *La Documentation catholique* 62 (1965), col. 1633-1651.

[8] *AAS* 72 (1980), pp. 113-148; *La Documentation catholique* 77 (1980), pp. 301-312.

dence dans la vie de ceux qui en sont les ministres. Je reviens aujourd'hui sur ce sujet, avec un cœur encore plus rempli d'émotion et de gratitude, faisant en quelque sorte écho à la parole du psalmiste: « Comment rendrai-je au Seigneur tout le bien qu'il m'a fait? J'élèverai la coupe du salut, j'invoquerai le nom du Seigneur » (*Ps* 116 [114-115], 12-13).

10. Une croissance intérieure de la communauté chrétienne a répondu à ce souci d'annonce de la part du Magistère. Il n'y a pas de doute que *la réforme liturgique du Concile* a produit de grands bénéfices de participation plus consciente, plus active et plus fructueuse des fidèles au saint Sacrifice de l'autel. Par ailleurs, dans beaucoup d'endroits, *l'adoration du Saint-Sacrement* a une large place chaque jour et devient source inépuisable de sainteté. La pieuse participation des fidèles à la procession du Saint-Sacrement lors de la solennité du Corps et du Sang du Christ est une grâce du Seigneur qui remplit de joie chaque année ceux qui y participent. On pourrait mentionner ici d'autres signes positifs de foi et d'amour eucharistiques.

Malheureusement, à côté de ces lumières, *les ombres ne manquent pas.* Il y a en effet des lieux où l'on note un abandon presque complet du culte de l'adoration eucharistique. À cela s'ajoutent, dans tel ou tel contexte ecclésial, des abus qui contribuent à obscurcir la foi droite et la doctrine catholique concernant cet admirable Sacrement. Parfois se fait jour une compréhension très réductrice du Mystère eucharistique. Privé de sa valeur sacrificielle, il est vécu comme s'il n'allait pas au-delà du sens et de la valeur d'une rencontre conviviale et fraternelle. De plus, la nécessité du sacerdoce ministériel, qui s'appuie sur la succession apostolique, est parfois obscurcie, et le caractère sacramentel de l'Eucharistie est réduit à la seule efficacité de l'annonce. D'où, ici ou là, des initiatives œcuméniques qui, bien que suscitées par une intention généreuse, se laissent aller à des pratiques eucharistiques contraires à la discipline dans laquelle l'Église exprime sa foi. Comment ne pas manifester une profonde souffrance face à tout cela? L'Eucharistie est un don trop grand pour pouvoir supporter des ambiguïtés et des réductions.

J'espère que la présente encyclique pourra contribuer efficacement à dissiper les ombres sur le plan doctrinal et les manières de faire inacceptables, afin que l'Eucharistie continue à resplendir dans toute la magnificence de son mystère.

CHAPITRE I

MYSTÈRE DE LA FOI

11. « La nuit même où il était livré, le Seigneur Jésus » (*1 Co* 11, 23) institua le Sacrifice eucharistique de son Corps et de son Sang. Les paroles de l'Apôtre Paul nous ramènent aux circonstances dramatiques dans lesquelles est née l'Eucharistie, qui est marquée de manière indélébile par l'événement de la passion et de la mort du Seigneur. Elle n'en constitue pas seulement l'évocation, mais encore la re-présentation sacramentelle. C'est le sacrifice de la Croix qui se perpétue au long des siècles.[9] On trouve une bonne expression de cette vérité dans les paroles par les quelles, dans le rite latin, le peuple répond à la proclamation du « mystère de la foi » faite par le prêtre: « *Nous proclamons ta mort, Seigneur Jésus* ».

L'Église a reçu l'Eucharistie du Christ son Seigneur non comme un don, pour précieux qu'il soit parmi bien d'autres, mais comme *le don par excellence,* car il est le don de lui-même, de sa personne dans sa sainte humanité, et de son œuvre de salut. Celle-ci ne reste pas enfermée

[9] Cf. CONC. ŒCUM. VAT. II, Const. sur la sainte Liturgie *Sacrosanctum concilium*, n. 47: *Salvator noster [...] Sacrificium Eucharisticum Corporis et Sanguinis sui instituit, quo Sacrificium Crucis in sæcula, donec veniret, perpetuaret...*: « Notre Sauveur [...] institua le sacrifice eucharistique de son Corps et de son Sang pour perpétuer le sacrifice de la croix au long des siècles, jusqu'à ce qu'il vienne ».

dans le passé, puisque « tout ce que le Christ est, et tout ce qu'il a fait et souffert pour tous les hommes, participe de l'éternité divine et surplombe ainsi tous les temps... ».[10]

Quand l'Église célèbre l'Eucharistie, mémorial de la mort et de la résurrection de son Seigneur, cet événement central du salut est rendu réellement présent et ainsi « s'opère l'œuvre de notre rédemption ».[11] Ce sacrifice est tellement décisif pour le salut du genre humain que Jésus Christ ne l'a accompli et n'est retourné vers le Père *qu'après nous avoir laissé le moyen d'y participer* comme si nous y avions été présents. Tout fidèle peut ainsi y prendre part et en goûter les fruits d'une manière inépuisable. Telle est la foi dont les générations chrétiennes ont vécu au long des siècles. Cette foi, le Magistère de l'Église l'a continuellement rappelée avec une joyeuse gratitude pour ce don inestimable.[12] Je désire encore une fois redire cette vérité, en me mettant avec vous, chers frères et sœurs, en adoration devant ce Mystère: Mystère immense, Mystère de miséricorde. Qu'est-ce que Jésus pouvait faire de plus pour nous? Dans l'Eucharistie, il nous montre vraiment un amour qui va « jusqu'au bout » (cf. *Jn* 13, 1), un amour qui ne connaît pas de mesure.

[10] *Catéchisme de l'Église catholique*, n. 1085.

[11] Conc. œcum. Vat. II, Const. dogm. *Lumen gentium*, n. 3.

[12] Cf. Paul VI, *Profession de foi* (30 juin 1968), n. 24: *AAS* 60 (1968), p. 442; *La Documentation catholique* 65 (1968), col. 1256-1257; Jean-Paul II, Lettr. apost. *Dominicæ Cenæ* (24 février 1980), n. 9: *AAS* 72 (1980), pp. 142-146; *La Documentation catholique* 77 (1980), pp. 305-306.

12. Cet aspect de charité universelle du Sacrement eucharistique est fondé sur les paroles mêmes du Sauveur. En l'instituant, Jésus ne se contenta pas de dire « Ceci est mon corps », « Ceci est mon sang », mais il ajouta « livré pour vous » et « répandu pour la multitude » (*Lc* 22, 19-20). Il n'affirma pas seulement que ce qu'il leur donnait à manger et à boire était son corps et son sang, mais il en exprima aussi *la valeur sacrificielle,* rendant présent de manière sacramentelle son sacrifice qui s'accomplirait sur la Croix quelques heures plus tard pour le salut de tous. « La Messe est à la fois et inséparablement le mémorial sacrificiel dans lequel se perpétue le sacrifice de la Croix, et le banquet sacré de la communion au Corps et au Sang du Seigneur ».[13]

L'Église vit continuellement du sacrifice rédempteur, et elle y accède non seulement par un simple souvenir plein de foi, mais aussi par un contact actuel, car *ce sacrifice se rend présent,* se perpétuant sacramentellement, dans chaque communauté qui l'offre par les mains du ministre consacré. De cette façon, l'Eucharistie étend aux hommes d'aujourd'hui la réconciliation obtenue une fois pour toutes par le Christ pour l'humanité de tous les temps. En effet, « le sacrifice du Christ et le sacrifice de l'Eucharistie sont *un unique sacrifice* ».[14] Saint Jean Chrysostome le disait déjà clairement: « Nous offrons toujours le même Agneau, non pas l'un aujourd'hui et un autre demain, mais toujours le même. Pour cette raison, il n'y a toujours qu'un seul sacrifice. [...]

[13] *Catéchisme de l'Église catholique*, n. 1382.

[14] *Ibid.*, n. 1367.

Maintenant encore, nous offrons la victime qui fut alors offerte et qui ne se consumera jamais ».[15]

La Messe rend présent le sacrifice de la Croix, elle ne s'y ajoute pas et elle ne le multiplie pas.[16] Ce qui se répète, c'est la célébration en mémorial, la « manifestation en mémorial » (*memorialis demonstratio*) [17] du sacrifice, par laquelle le sacrifice rédempteur du Christ, unique et définitif, se rend présent dans le temps. La nature sacrificielle du Mystère eucharistique ne peut donc se comprendre comme quelque chose qui subsiste en soi, indépendamment de la Croix, ou en référence seulement indirecte au sacrifice du Calvaire.

13. En vertu de son rapport étroit avec le sacrifice du Golgotha, l'Eucharistie est *un sacrifice au sens propre,* et non seulement au sens générique, comme s'il s'agissait d'une simple offrande que le Christ fait de lui-même en nourriture spirituelle pour les fidèles. En effet, le don de son amour et de son obéissance jusqu'au terme de sa vie (cf. *Jn* 10, 17-18) est en premier lieu un don à son Père. C'est assurément un don en notre faveur, et même en faveur de toute l'humanité (cf. *Mt* 26, 28; *Mc* 14, 24; *Lc* 22, 20; *Jn* 10, 15), mais c'est *avant tout un don au Père:* « Sacrifice que le Père a accepté, échangeant le don total de son

[15] *Homélie sur la Lettre aux Hébreux*, 17, 3: *PG* 63, 131.

[16] Cf. Conc. œcum. de Trente, Session XXII, *Doctrine sur le saint sacrifice de la Messe*, ch. 2: *DS* 1743; *La Foi catholique*, n. 768: « C'est une seule et même victime, c'est le même qui offre maintenant par le ministère des prêtres, qui s'est offert lui-même alors sur la Croix; seule, la manière d'offrir diffère ».

[17] Pie XII, Encycl. *Mediator Dei* (20 novembre 1947): *AAS* 39 (1947), p. 548; *La Documentation catholique* 45 (1948), col. 216.

Fils, qui s'est fait "obéissant jusqu'à la mort" (*Ph* 2, 8), avec son propre don paternel, c'est-à-dire avec le don de la vie nouvelle et immortelle dans la résurrection ».[18]

En donnant son sacrifice à l'Église, le Christ a voulu également faire sien le sacrifice spirituel de l'Église, appelée à s'offrir aussi elle-même en même temps que le sacrifice du Christ. Tel est l'enseignement du Concile Vatican II concernant tous les fidèles: « Participant au Sacrifice eucharistique, source et sommet de toute la vie chrétienne, ils offrent à Dieu la victime divine, et s'offrent eux-mêmes avec elle ».[19]

14. La Pâque du Christ comprend aussi, avec sa passion et sa mort, sa résurrection, comme le rappelle l'acclamation du peuple après la consécration: « *Nous célébrons ta résurrection* ». En effet, le Sacrifice eucharistique rend présent non seulement le mystère de la passion et de la mort du Sauveur, mais aussi le mystère de la résurrection, dans lequel le sacrifice trouve son couronnement. C'est en tant que vivant et ressuscité que le Christ peut, dans l'Eucharistie, se faire « pain de la vie » (*Jn* 6, 35. 48), « pain vivant » (*Jn* 6, 51). Saint Ambroise le rappelait aux néophytes, en appliquant à leur vie l'événement de la résurrection: « Si le Christ est à toi aujourd'hui, il ressuscite pour toi chaque jour ».[20] Saint Cyrille d'Ale-

[18] Jean-Paul II, Encycl. *Redemptor hominis* (15 mars 1979), n. 20: *AAS* 71 (1979), p. 310; *La Documentation catholique* 76 (1979), p. 317.

[19] Const. dogm. *Lumen gentium*, n. 11.

[20] *De sacramentis*, V, 4, 26: *CSEL* 73, 70; *SCh* 25bis, p. 135.

xandrie, quant à lui, soulignait que la participation aux saints Mystères « est vraiment une confession et un rappel que le Seigneur est mort et qu'il est revenu à la vie pour nous et en notre faveur ».[21]

15. Dans la Messe, la représentation sacramentelle du sacrifice du Christ couronné par sa résurrection implique une présence tout à fait spéciale que — pour reprendre les mots de Paul VI — « on nomme "réelle", non à titre exclusif, comme si les autres présences n'étaient pas "réelles", mais par antonomase parce qu'elle est substantielle, et que par elle le Christ, Homme-Dieu, se rend présent tout entier ».[22] Ainsi est proposée de nouveau la doctrine toujours valable du Concile de Trente: « Par la consécration du pain et du vin s'opère le changement de toute la substance du pain en la substance du corps du Christ notre Seigneur et de toute la substance du vin en la substance de son sang ; ce changement, l'Église catholique l'a justement et exactement appelé transsubstantiation ».[23] L'Eucharistie est vraiment « *mysterium fidei* », mystère qui dépasse notre intelligence et qui ne peut être accueilli que dans la foi, comme l'ont souvent rappelé les catéchèses patristiques sur ce divin Sacrement. « Ne t'attache donc pas — exhorte saint Cyrille de Jérusalem — comme à des éléments naturels au pain et au vin, car ils sont, selon la

[21] *In Ioannis Evangelium*, XII, 20: *PG* 74, 726.

[22] Encycl. *Mysterium fidei* (3 septembre 1965): *AAS* 57 (1965), p. 764; *La Documentation catholique* 62 (1965), col. 1643.

[23] Session XIII, *Décret sur la très sainte Eucharistie*, ch. 4: *DS*, 1462; *La Foi catholique*, n. 739.

déclaration du Maître, corps et sang. C'est, il est vrai, ce que te suggèrent les sens; mais que la foi te rassure».[24]

Nous continuerons à chanter avec le Docteur angélique: «*Adoro te devote, latens Deitas*». Devant ce mystère d'amour, la raison humaine fait l'expérience de toute sa finitude. On voit alors pourquoi, au long des siècles, cette vérité a conduit la théologie à faire de sérieux efforts de compréhension.

Ce sont des efforts louables, d'autant plus utiles et pénétrants qu'ils ont permis de conjuguer l'exercice critique de la pensée avec «la foi vécue» de l'Église, recueillie spécialement dans le «charisme certain de vérité» du Magistère et dans l'«intelligence intérieure des réalités spirituelles» à laquelle parviennent surtout les saints.[25] Il y a tout de même la limite indiquée par Paul VI: «Toute explication théologique, cherchant quelque intelligence de ce mystère, doit, pour être en accord avec la foi catholique, maintenir que, dans la réalité elle-même, indépendante de notre esprit, le pain et le vin ont cessé d'exister après la consécration, en sorte que c'est le corps et le sang adorables du Seigneur Jésus qui, dès lors, sont réellement présents devant nous sous les espèces sacramentelles du pain et du vin».[26]

[24] *Catéchèses mystagogiques*, IV, 6: *SCh* 126, p. 138.

[25] Conc. œcum. Vat. II, Const. dogm. sur la Révélation divine *Dei Verbum*, n. 8.

[26] *Profession de foi* (30 juin 1968), n. 25: *AAS* 60 (1968), pp. 442-443; *La Documentation catholique* 65 (1968), col. 1256.

16. L'efficacité salvifique du sacrifice se réalise en plénitude dans la communion, quand nous recevons le corps et le sang du Seigneur. Le Sacrifice eucharistique tend en soi à notre union intime, à nous fidèles, avec le Christ à travers la communion: nous le recevons lui-même, Lui qui s'est offert pour nous, nous recevons son corps, qu'il a livré pour nous sur la Croix, son sang, qu'il a « répandu pour la multitude, en rémission des péchés » (*Mt* 26, 28). Rappelons-nous ses paroles: « De même que le Père, qui est vivant, m'a envoyé, et que moi je vis par le Père, de même aussi celui qui me mangera vivra par moi » (*Jn* 6, 57). C'est Jésus lui-même qui nous rassure: une telle union, qu'il compare par analogie à celle de la vie trinitaire, se réalise vraiment. *L'Eucharistie est un vrai banquet,* dans lequel le Christ s'offre en nourriture. Quand Jésus parle pour la première fois de cette nourriture, ses auditeurs restent stupéfaits et désorientés, obligeant le Maître à souligner la vérité objective de ses paroles: « Amen, amen, je vous le dis: si vous ne mangez pas la chair du Fils de l'homme, et si vous ne buvez pas son sang, vous n'aurez pas la vie en vous » (*Jn* 6, 53). Il ne s'agit pas d'un aliment au sens métaphorique: « Ma chair est la vraie nourriture, et mon sang est la vraie boisson » (*Jn* 6, 55).

17. À travers la communion à son corps et à son sang, le Christ nous communique aussi son Esprit. Saint Éphrem écrit: « Il appela le pain son corps vivant, il le remplit de lui-même et de son Esprit. [...] Et celui qui le mange avec foi mange le Feu et l'Esprit [...]. Prenez-en, mangez-en tous, et mangez avec lui l'Esprit Saint. C'est vraiment

mon corps et celui qui le mange vivra éternellement».[27] Dans l'épiclèse eucharistique, l'Église demande ce Don divin, source de tout autre don. On lit, par exemple, dans la *Divine Liturgie* de saint Jean Chrysostome: «Nous t'invoquons, nous te prions et nous te supplions: envoie ton Esprit Saint sur nous tous et sur ces dons, [...] afin que ceux qui y prennent part obtiennent la purification de l'âme, la rémission des péchés et le don du Saint Esprit».[28] Et dans le *Missel romain* le célébrant demande: «Quand nous serons nourris de son corps et de son sang et remplis de l'Esprit Saint, accorde-nous d'être un seul corps et un seul esprit dans le Christ».[29] Ainsi, par le don de son corps et de son sang, le Christ fait grandir en nous le don de son Esprit, déjà reçu au Baptême et offert comme «sceau» dans le sacrement de la Confirmation.

18. L'acclamation que le peuple prononce après la consécration se conclut de manière heureuse en exprimant la dimension eschatologique qui marque la Célébration eucharistique (cf. *1 Co* 11, 26): «... *Nous attendons ta venue dans la gloire*». L'Eucharistie est tension vers le terme, avant-goût de la plénitude de joie promise par le Christ (cf. *Jn* 15, 11); elle est en un sens l'anticipation du Paradis, «gage de la gloire future».[30] Dans l'Eucharistie, tout exprime cette attente confiante:

[27] *Homélie IV pour la Semaine sainte*: *CSCO* 413 / *Syr.* 182, 55.

[28] *Anaphore.*

[29] *Prière eucharistique III.*

[30] Solennité du Corps et du Sang du Christ, IIe Vêpres, antienne du *Magnificat.*

« Nous espérons le bonheur que tu promets et l'avènement de Jésus Christ, notre Sauveur ».[31] Celui qui se nourrit du Christ dans l'Eucharistie n'a pas besoin d'attendre l'au-delà pour recevoir la vie éternelle: *il la possède déjà sur terre,* comme prémices de la plénitude à venir, qui concernera l'homme dans sa totalité. Dans l'Eucharistie en effet, nous recevons également la garantie de la résurrection des corps à la fin des temps: « Celui qui mange ma chair et boit mon sang a la vie éternelle; et moi, je le ressusciterai au dernier jour » (*Jn* 6, 54). Cette garantie de la résurrection à venir vient du fait que la chair du Fils de l'homme, donnée en nourriture, est son corps dans son état glorieux de Ressuscité. Avec l'Eucharistie, on assimile pour ainsi dire le « secret » de la résurrection. C'est pourquoi saint Ignace d'Antioche définit avec justesse le Pain eucharistique comme « remède d'immortalité, antidote pour ne pas mourir ».[32]

19. La tension eschatologique suscitée dans l'Eucharistie *exprime et affermit la communion avec l'Église du ciel.* Ce n'est pas par hasard que, dans les anaphores orientales ou dans les prières eucharistiques latines, on fait mémoire avec vénération de Marie, toujours vierge, Mère de notre Dieu et Seigneur Jésus Christ, des anges, des saints Apôtres, des glorieux martyrs et de tous les saints. C'est un aspect de l'Eucharistie qui mérite d'être souligné: en célébrant le sacrifice de l'Agneau, nous nous unissons à la liturgie

31 *Missel romain*, Embolisme après le *Notre Père*.

32 *Lettre aux Éphésiens*, 20: *PG* 5, 661: *SCh* 10 bis, p. 77.

céleste, nous associant à la multitude immense qui s'écrie: « Le salut est donné par notre Dieu, lui qui siège sur le Trône, et par l'Agneau! » (*Ap* 7, 10). L'Eucharistie est vraiment un coin du ciel qui s'ouvre sur la terre! C'est un rayon de la gloire de la Jérusalem céleste, qui traverse les nuages de notre histoire et qui illumine notre chemin.

20. Une autre conséquence significative de cette tension eschatologique inhérente à l'Eucharistie provient du fait qu'elle donne une impulsion à notre marche dans l'histoire, faisant naître un germe de vive espérance dans le dévouement quotidien de chacun à ses propres tâches. En effet, si la vision chrétienne porte à regarder vers les « cieux nouveaux » et la « terre nouvelle » (cf. *Ap* 21, 1), cela n'affaiblit pas, mais *stimule notre sens de la responsabilité envers notre terre*.[33] Je désire le redire avec force au début du nouveau millénaire, pour que les chrétiens se sentent plus que jamais engagés à ne pas faillir aux devoirs de leur citoyenneté terrestre. Il est de leur devoir de contribuer, à la lumière de l'Évangile, à construire un monde qui soit à la mesure de l'homme et qui réponde pleinement au dessein de Dieu.

Les problèmes qui assombrissent notre horizon actuel sont nombreux. Il suffit de penser à l'urgence de travailler pour la paix, de poser dans les relations entre les peuples des jalons solides en matière de justice et de solidarité, de défendre la vie humaine, de sa conception jusqu'à sa fin naturelle. Et que dire des mille contradictions d'un

[33] Cf. Conc. œcum. Vat. II, Const. past. sur l'Église dans le monde de ce temps *Gaudium et spes*, n. 39.

univers « mondialisé » où les plus faibles, les plus petits et les plus pauvres semblent avoir bien peu à espérer? C'est dans ce monde que doit jaillir de nouveau l'espérance chrétienne! C'est aussi pour cela que le Seigneur a voulu demeurer avec nous dans l'Eucharistie, en inscrivant dans la présence de son sacrifice et de son repas la promesse d'une humanité renouvelée par son amour. De manière significative, là où les Évangiles synoptiques racontent l'institution de l'Eucharistie, l'Évangile de Jean propose, en en illustrant ainsi le sens profond, le récit du « lavement des pieds », par lequel Jésus se fait maître de la communion et du service (cf. *Jn* 13, 1-20). De son côté, l'Apôtre Paul déclare « indigne » d'une communauté chrétienne la participation à la Cène du Seigneur dans un contexte de divisions et d'indifférence envers les pauvres (cf. *1 Co* 11, 17-22. 27-34).[34]

Proclamer la mort du Seigneur « jusqu'à ce qu'il vienne » (*1 Co* 11, 26) implique, pour ceux qui participent à l'Eucharistie, l'engagement de transformer la vie, pour qu'elle devienne, d'une

[34] « Tu veux honorer le corps du Christ? Ne le méprise pas lorsqu'il est nu. Ne l'honore pas ici, dans l'église, par des tissus de soie tandis que tu le laisses dehors souffrir du froid et du manque de vêtements. Car celui qui a dit: *Ceci est mon corps*, et qui l'a réalisé en le disant, c'est lui qui a dit: *Vous m'avez vu avoir faim, et vous ne m'avez pas donné à manger*, et aussi: *Chaque fois que vous ne l'avez pas fait à l'un de ces petits, c'est à moi que vous ne l'avez pas fait* [...]. Quel avantage y a-t-il à ce que la table du Christ soit chargée de vases d'or, tandis que lui-même meurt de faim? Commence par rassasier l'affamé, et avec ce qui te restera tu orneras son autel »: S. Jean Chrysostome, *Homélie sur l'Évangile de Matthieu* 50, 3-4: *PG* 58, 508-509; cf. Jean-Paul II, Encycl. *Sollicitudo rei socialis* (30 décembre 1987), n. 31: *AAS* 80 (1988), pp. 553-556; *La Documentation catholique* 85 (1988), p. 246.

certaine façon, totalement « eucharistique ». Ce sont précisément ce fruit de transfiguration de l'existence et l'engagement à transformer le monde selon l'Évangile qui font resplendir la dimension eschatologique de la Célébration eucharistique et de toute la vie chrétienne: « Viens, Seigneur Jésus! » *(Ap* 22, 20).

CHAPITRE II

L'EUCHARISTIE ÉDIFIE L'ÉGLISE

21. Le Concile Vatican II a rappelé que la Célébration eucharistique est au centre du processus de croissance de l'Église. En effet, après avoir dit que « l'Église, qui est le Règne du Christ déjà présent en mystère, grandit dans le monde de façon visible sous l'effet de la puissance de Dieu »,[35] comme s'il voulait répondre à la question: « Comment grandit-elle? », il ajoute: « Chaque fois que se célèbre sur l'autel le sacrifice de la Croix, par lequel "le Christ, notre Pâque, a été immolé" (*1 Co* 5, 7), s'opère l'œuvre de notre rédemption. En même temps, par le Sacrement du pain eucharistique, est représentée et rendue effective l'unité des fidèles qui forment un seul corps dans le Christ (cf. *1 Co* 10, 17) ».[36]

Aux origines mêmes de l'Église, il y a *une influence déterminante de l'Eucharistie.* Les Évangélistes précisent que ce sont les Douze, les Apôtres, qui se sont réunis autour de Jésus, à la dernière Cène (cf. *Mt* 26, 20; *Mc* 14, 17; *Lc* 22, 14). C'est un point particulier très important, puisque les Apôtres « furent les germes du nouvel Israël et en même temps l'origine de la

[35] Const. dogm. *Lumen gentium*, n. 3.
[36] *Ibid.*

hiérarchie sacrée».[37] En leur donnant son corps et son sang en nourriture, le Christ les unissait mystérieusement à son sacrifice qui devait se consommer sur le Calvaire peu après. Par analogie avec l'Alliance du Sinaï, scellée par le sacrifice et l'aspersion du sang,[38] les gestes et les paroles de Jésus à la dernière Cène posaient les fondements de la nouvelle communauté messianique, le peuple de la nouvelle Alliance.

En accueillant au Cénacle l'invitation de Jésus: «Prenez et mangez... Buvez-en tous...» (*Mt* 26, 26. 28), les Apôtres sont entrés, pour la première fois, en communion sacramentelle avec Lui. À partir de ce moment-là, et jusqu'à la fin des temps, l'Église se construit à travers la communion sacramentelle avec le Fils de Dieu immolé pour nous: «Faites cela en mémoire de moi... Chaque fois que vous en boirez, faites cela en mémoire de moi» (*1 Co* 11, 24-25; cf. *Lc* 22, 19).

22. L'incorporation au Christ, réalisée par le Baptême, se renouvelle et se renforce continuellement par la participation au Sacrifice eucharistique, surtout par la pleine participation que l'on y a dans la communion sacramentelle. Nous pouvons dire non seulement que *chacun d'entre nous reçoit le Christ,* mais aussi que le *Christ reçoit chacun d'entre nous.* Il resserre son amitié avec nous: «Vous êtes mes amis» (*Jn* 15, 14). Quant à nous,

[37] CONC. ŒCUM. VAT. II, Décr. sur l'activité missionnaire de l'Église *Ad gentes*, n. 5.

[38] «Moïse prit le sang, en aspergea le peuple, et dit: "Voici le sang de l'Alliance que, sur la base de toutes ces paroles, le Seigneur a conclue avec vous"» (*Ex* 24, 8).

nous vivons grâce à lui: « Celui qui me mangera vivra par moi » (*Jn* 6, 57). Pour le Christ et son disciple, demeurer l'un dans l'autre se réalise de manière sublime dans la communion eucharistique: « Demeurez en moi, comme moi en vous » (*Jn* 15, 4).

En s'unissant au Christ, le peuple de la nouvelle Alliance, loin de se refermer sur lui-même, devient « sacrement » pour l'humanité,[39] signe et instrument du salut opéré par le Christ, lumière du monde et sel de la terre (cf. *Mt* 5, 13-16) pour la rédemption de tous.[40] La mission de l'Église est en continuité avec celle du Christ: « De même que le Père m'a envoyé, moi aussi, je vous envoie » (*Jn* 20, 21). C'est pourquoi, de la perpétuation du sacrifice du Christ dans l'Eucharistie et de la communion à son corps et à son sang, l'Église reçoit les forces spirituelles nécessaires à l'accomplissement de sa mission. Ainsi, l'Eucharistie apparaît en même temps comme la *source* et le *sommet* de toute l'évangélisation, puisque son but est la communion de tous les hommes avec le Christ et en lui avec le Père et l'Esprit Saint.[41]

23. Par la communion eucharistique, l'Église est également consolidée dans son unité de corps du Christ. Saint Paul se réfère à cette *efficacité unificatrice* de la participation au banquet eucharis-

[39] Cf. CONC. ŒCUM. VAT. II, Const. dogm. *Lumen gentium*, n. 1.

[40] Cf. *ibid.*, n. 9.

[41] Cf. CONC. ŒCUM. VAT. II, Décr. *Presbyterorum ordinis*, n. 5. Le même décret dit au n. 6: « Aucune communauté chrétienne ne s'édifie si elle n'a pas sa racine et son centre dans la célébration de la très sainte Eucharistie ».

tique quand il écrit aux Corinthiens: « Le pain que nous rompons, n'est-il pas communion au corps du Christ? Puisqu'il y a un seul pain, la multitude que nous sommes est un seul corps, car nous avons tous part à un seul pain » (*1 Co* 10, 16-17). Le commentaire de saint Jean Chrysostome est précis et profond: « Qu'est donc ce pain? C'est le corps du Christ. Que deviennent ceux qui le reçoivent? Le corps du Christ: non pas plusieurs corps, mais un seul corps. En effet, comme le pain est tout un, bien qu'il soit constitué de multiples grains qui, bien qu'on ne les voie pas, se trouvent en lui, tels que leur différence disparaisse en raison de leur parfaite fusion, de la même manière nous sommes unis les uns aux autres et nous sommes unis tous ensemble au Christ ».[42] L'argumentation est serrée: notre unité avec le Christ, qui est don et grâce pour chacun, fait qu'en lui nous sommes aussi associés à l'unité de son corps qui est l'Église. L'Eucharistie renforce l'incorporation au Christ, qui se réalise dans le Baptême par le don de l'Esprit (cf. *1 Co* 12, 13.27).

L'action conjointe et inséparable du Fils et de l'Esprit Saint, qui est à l'origine de l'Église, de sa constitution et de sa stabilité, est agissante dans l'Eucharistie. L'auteur de la *Liturgie de saint Jacques* en est bien conscient: dans l'épiclèse de l'anaphore, on prie Dieu le Père d'envoyer l'Esprit Saint sur les fidèles et sur les dons, afin que le corps et le sang du Christ « servent à tous ceux

[42] *Homélies sur la 1re Lettre aux Corinthiens*, 24, 2: *PG* 61, 200; cf. *Didachè*, IX, 4; Funk, 1, 22; *SCh* 248, p. 177; S. Cyprien, *Lettres LXIII*, 13: *PL* 4, 384; *Correspondance II*, *Les Belles Lettres*, Paris (1925), pp. 201-202.

qui y participent [...] pour la sanctification des âmes et des corps ».[43] C'est le divin Paraclet qui raffermit l'Église par la sanctification eucharistique des fidèles.

24. Le don du Christ et de son Esprit, que nous recevons dans la communion eucharistique, accomplit avec une surabondante plénitude les désirs d'unité fraternelle qui habitent le cœur humain; de même, il élève l'expérience de fraternité inhérente à la participation commune à la même table eucharistique jusqu'à un niveau bien supérieur à celui d'une simple expérience de convivialité humaine. Par la communion au corps du Christ, l'Église réalise toujours plus profondément son identité: elle « est, dans le Christ, en quelque sorte le sacrement, c'est-à-dire le signe et l'instrument de l'union intime avec Dieu et de l'unité de tout le genre humain ».[44]

Aux germes de désagrégation entre les hommes, qui, à l'expérience quotidienne, apparaissent tellement enracinés dans l'humanité à cause du péché, s'oppose la *force génératrice d'unité* du corps du Christ. En faisant l'Église, l'Eucharistie crée proprement pour cette raison la communauté entre les hommes.

25. *Le culte rendu à l'Eucharistie en dehors de la Messe* est d'une valeur inestimable dans la vie de l'Église. Ce culte est étroitement uni à la célébra-

[43] *PO* 26, 206.

[44] Conc. œcum. Vat. II, Const. dogm. *Lumen gentium*, n. 1.

tion du Sacrifice eucharistique. La présence du Christ sous les saintes espèces conservées après la Messe — présence qui dure tant que subsistent les espèces du pain et du vin [45] — découle de la célébration du Sacrifice et tend à la communion sacramentelle et spirituelle.[46] Il revient aux pasteurs d'encourager, y compris par leur témoignage personnel, le culte eucharistique, particulièrement les expositions du Saint-Sacrement, de même que l'adoration devant le Christ présent sous les espèces eucharistiques.[47]

Il est bon de s'entretenir avec Lui et, penchés sur sa poitrine comme le disciple bien-aimé (cf. *Jn* 13, 25), d'être touchés par l'amour infini de son cœur. Si, à notre époque, le christianisme doit se distinguer surtout par « l'art de la prière »,[48] comment ne pas ressentir le besoin renouvelé de demeurer longuement, en conversation spirituelle, en adoration silencieuse, en attitude d'amour, devant le Christ présent dans le Saint-Sacrement? Bien des fois, chers Frères et Sœurs, j'ai fait cette expérience et j'en ai reçu force, consolation et soutien!

De nombreux saints nous ont donné l'exemple de cette pratique maintes fois louée et recommandée

[45] Cf. CONC. ŒCUM. DE TRENTE, Sess. XIII, *Décret sur la très sainte Eucharistie*, can. 4: *DS* 1654; *La Foi catholique*, n. 748.

[46] Cf. *Rituale Romanum: De sacra communione et de cultu mysterii eucharistici extra Missam*, p. 36 (n. 80); *Rituel de l'Eucharistie en dehors de la Messe*, 2e éd., AELF 1996, p. 67 (n. 80).

[47] Cf. *ibid*, pp. 38-39 (n. 86-90); *Rituel de l'Eucharistie en dehors de la Messe*, pp. 69-70 (n. 86-90).

[48] JEAN-PAUL II, Lettre apost. *Novo millennio ineunte*, n. 32: *AAS* 93 (2001), pp. 288; *La Documentation catholique* 98 (2001), p. 79.

par le Magistère.[49] Saint Alphonse Marie de Liguori se distingua en particulier dans ce domaine, lui qui écrivait: « Parmi toutes les dévotions, l'adoration de Jésus dans le Saint-Sacrement est la première après les sacrements, la plus chère à Dieu et la plus utile pour nous ».[50] L'Eucharistie est un trésor inestimable: la célébrer, mais aussi rester en adoration devant elle en dehors de la Messe permet de puiser à la source même de la grâce. Une communauté chrétienne qui veut être davantage capable de contempler le visage du Christ, selon ce que j'ai suggéré dans les lettres apostoliques *Novo millennio ineunte* et *Rosarium Virginis Mariæ*, ne peut pas ne pas développer également cet aspect du culte eucharistique, dans lequel se prolongent et se multiplient les fruits de la communion au corps et au sang du Seigneur.

49 « Qu'au cours de la journée les fidèles ne négligent point de rendre visite au Saint-Sacrement, qui doit être conservé en un endroit très digne des églises, avec le plus d'honneur possible, selon les lois liturgiques. Car la visite est une marque de gratitude, un geste d'amour et un devoir de reconnaissance envers le Christ Notre-Seigneur présent en ce lieu »: PAUL VI, Encycl. *Mysterium fidei* (3 septembre 1965): *AAS* 57 (1965), p. 771; *La Documentation catholique* 62 (1965), col. 1647-1648.

50 *Visite al S.S. Sacramento ed a Maria Santissima,* Introduction: *Opere ascetiche*, Avellino (2000), p. 295.

CHAPITRE III

L'APOSTOLICITÉ DE L'EUCHARISTIE ET DE L'ÉGLISE

26. Si, comme je l'ai rappelé plus haut, l'Eucharistie édifie l'Église et l'Église fait l'Eucharistie, il s'ensuit que le lien entre l'une et l'autre est très étroit. C'est tellement vrai que nous pouvons appliquer au Mystère eucharistique ce que nous disons de l'Église quand, dans le symbole de Nicée-Constantinople, nous la confessons « une, sainte, catholique et apostolique ». Une et catholique, l'Eucharistie l'est également. Elle est aussi sainte, bien plus, elle est le très saint Sacrement. Mais c'est surtout vers son apostolicité que nous voulons maintenant porter notre attention.

27. Expliquant que l'Église est apostolique, c'est-à-dire fondée sur les Apôtres, le *Catéchisme de l'Église catholique* discerne une *triple signification* de cette expression. D'une part, « elle a été et demeure bâtie sur "le fondement des Apôtres" (*Ep* 2, 20), témoins choisis et envoyés en mission par le Christ lui-même ».[51] À l'origine de l'Eucharistie, il y a aussi les Apôtres, non parce que le Sacrement ne remonterait pas au Christ lui-même, mais parce qu'il leur a été confié par Jésus et qu'il a été transmis par eux et par leurs suc-

[51] N. 857.

cesseurs jusqu'à nous. C'est en continuité avec l'action des Apôtres, obéissants à l'ordre du Seigneur, que l'Église célèbre l'Eucharistie au long des siècles.

La deuxième signification de l'apostolicité de l'Église, indiquée par le *Catéchisme,* est qu'elle « garde et transmet, avec l'aide de l'Esprit qui habite en elle, l'enseignement, le bon dépôt, les saines paroles entendues des Apôtres ».[52] Selon ce deuxième sens aussi, l'Eucharistie est apostolique parce qu'elle est célébrée conformément à la foi des Apôtres. Au cours de l'histoire bimillénaire du peuple de la nouvelle Alliance, le Magistère ecclésiastique a précisé la doctrine eucharistique en diverses occasions, même en ce qui concerne sa terminologie exacte, et cela précisément pour sauvegarder la foi apostolique en ce très grand Mystère. Cette foi demeure inchangée, et il est essentiel pour l'Église qu'elle le demeure.

28. Enfin, l'Église est apostolique en ce sens qu'« elle continue à être enseignée, sanctifiée et dirigée par les Apôtres jusqu'au retour du Christ grâce à ceux qui leur succèdent dans leur charge pastorale: le collège des évêques, "assisté par les prêtres, en union avec le successeur de Pierre, pasteur suprême de l'Église" ».[53] Succéder aux Apôtres dans la mission pastorale implique nécessairement le sacrement de l'Ordre, à savoir la suite ininterrompue des ordinations épiscopales

[52] *Ibid.*
[53] *Ibid.*

validides, remontant jusqu'aux origines.[54] Cette succession est essentielle pour qu'il y ait l'Église au sens propre et plénier.

L'Eucharistie exprime aussi ce sens de l'apostolicité. En effet, comme l'enseigne le Concile Vatican II, « les fidèles, pour leur part, en vertu de leur sacerdoce royal, concourent à l'offrande de l'Eucharistie »,[55] mais c'est le prêtre ordonné qui « célèbre le Sacrifice eucharistique en la personne du Christ et l'offre à Dieu au nom de tout le peuple ».[56] C'est pour cela que dans le *Missel romain* il est prescrit que ce soit le prêtre seul qui récite la prière eucharistique, pendant que le peuple s'y associe dans la foi et en silence.[57]

29. L'expression, utilisée à maintes reprises par le Concile Vatican II, selon laquelle « celui qui a reçu le sacerdoce ministériel [...] célèbre le Sacrifice eucharistique en la personne du Christ »,[58] était déjà bien enracinée dans l'enseignement pontifical.[59] Comme j'ai déjà eu l'occasion de le

[54] Cf. Congr. pour la Doctrine de la Foi, Lettre *Sacerdotium ministeriale* (6 août 1983), III, 2: *AAS* 75 (1983), p. 1005; *La Documentation catholique* 80 (1983), p. 886.

[55] Conc. œcum. Vat. II, Const. dogm. *Lumen gentium,* n. 10.

[56] *Ibid.*

[57] Cf. *Institutio generalis*: Editio typica tertia, n. 147.

[58] Cf. Const. dogm. *Lumen gentium,* nn. 10. 28; Décret *Presbyterorum Ordinis*, n. 2.

[59] « Le ministre de l'autel représente le Christ en tant que chef offrant au nom de tous ses membres »: Pie XII, Encycl. *Mediator Dei* (20 novembre 1947): *AAS* 39 (1947), p. 556; *La Documentation catholique* 45 (1948), col. 221; cf. Pie X, Exhort. apost. *Hærent animo* (4 août 1908): *Pii X Acta,* IV, 16.; Pie XI, Encycl. *Ad catholici sacerdotii* (20 décembre 1935): *AAS* 28 (1936), p. 20; *La Documentation catholique* 35 (1936/1), col. 141.

préciser, *in persona Christi* « veut dire davantage que "au nom" ou "à la place" du Christ. *In persona:* c'est-à-dire dans l'identification spécifique, sacramentelle, au "grand prêtre de l'Alliance éternelle" qui est l'auteur et le sujet principal de son propre sacrifice, dans lequel il ne peut vraiment être remplacé par personne ».[60] Dans l'économie du salut voulue par le Christ, le ministère des prêtres qui ont reçu le sacrement de l'Ordre manifeste que l'Eucharistie qu'ils célèbrent est *un don qui dépasse radicalement le pouvoir de l'assemblée* et qui demeure en toute hypothèse irremplaçable pour relier validement la consécration eucharistique au sacrifice de la Croix et à la dernière Cène.

Pour être véritablement une assemblée eucharistique, l'assemblée qui se réunit pour la célébration de l'Eucharistie a absolument besoin d'un prêtre ordonné qui la préside. D'autre part, la communauté n'est pas en mesure de se donner à elle-même son ministre ordonné. Celui-ci est un don qu'elle *reçoit à travers la succession épiscopale qui remonte jusqu'aux Apôtres.* C'est l'Évêque qui, par le sacrement de l'Ordre, constitue un nouveau prêtre, lui conférant le pouvoir de consacrer l'Eucharistie. C'est pourquoi « dans une communauté le mystère eucharistique ne peut être célébré par personne d'autre qu'un prêtre ordonné,

[60] Lettre apost. *Dominicæ cenæ* (24 février 1980), n. 8: *AAS* 72 (1980), pp. 128-129; *La Documentation catholique,* 77 (1980), p. 304.

comme l'a expressément déclaré le IVe Concile du Latran ».[61]

30. La doctrine de l'Église catholique sur le ministère sacerdotal dans son rapport à l'Eucharistie ainsi que la doctrine sur le Sacrifice eucharistique ont fait l'objet, ces dernières décennies, de dialogues utiles *dans le cadre de l'activité œcuménique*. Il nous faut rendre grâce à la très sainte Trinité parce qu'il y a eu, dans ce domaine, des progrès significatifs et des rapprochements qui nous font espérer un avenir de pleine communion dans la foi. L'observation, faite par le Concile au sujet des différentes communautés ecclésiales apparues depuis le XVIe siècle et séparées de l'Église catholique, demeure encore tout à fait pertinente: « Bien que les communautés ecclésiales séparées de nous n'aient pas avec nous la pleine unité qui dérive du baptême et bien que nous croyions que, en raison principalement de l'absence du sacrement de l'Ordre, elles n'ont pas conservé la substance propre et intégrale du mystère eucharistique, néanmoins, lorsque dans la sainte Cène elles font mémoire de la mort et de la résurrection du Seigneur, elles professent que la vie dans la communion au Christ est signifiée par là et elles attendent son avènement glorieux ».[62]

[61] CONGR. POUR LA DOCTRINE DE LA FOI, Lettre *Sacerdotium ministeriale* (6 août 1983), III, 4: *AAS* 75 (1983), p. 1006; *La Documentation catholique* 80 (1983), p. 887; cf. CONC. ŒCUM. LATRAN IV, ch. 1, Const. sur la foi catholique *Firmiter credimus: DS* 802; *La Foi catholique*, n. 31.

[62] CONC. ŒCUM. VAT. II, Décret sur l'œcuménisme *Unitatis redintegratio,* n. 22.

Les fidèles catholiques, tout en respectant les convictions religieuses de leurs frères séparés, doivent donc s'abstenir de participer à la communion distribuée dans leurs célébrations, afin de ne pas entretenir une ambiguïté sur la nature de l'Eucharistie et, par conséquent, manquer au devoir de témoigner avec clarté de la vérité. Cela finirait par retarder la marche vers la pleine unité visible. De même, on ne peut envisager de remplacer la Messe dominicale par des célébrations œcuméniques de la Parole, par des rencontres de prière avec des chrétiens appartenant aux communautés ecclésiales déjà mentionnées ou par la participation à leur service liturgique. De telles célébrations et rencontres, louables en elles-mêmes en certaines circonstances, préparent à la pleine communion tant désirée, même eucharistique, mais elles ne peuvent la remplacer.

Le fait que le pouvoir de consacrer l'Eucharistie ait été confié seulement aux Évêques et aux prêtres ne constitue aucunement une dépréciation du reste du peuple de Dieu, puisque, dans la communion de l'unique Corps du Christ qu'est l'Église, ce don rejaillit au bénéfice de tous.

31. Si l'Eucharistie est le centre et le sommet de la vie de l'Église, elle l'est pareillement du ministère sacerdotal. C'est pourquoi, en rendant grâce à Jésus Christ notre Seigneur, je veux redire que l'Eucharistie « est la raison d'être principale et centrale du sacrement du sacerdoce, qui est né

effectivement au moment de l'institution de l'Eucharistie et avec elle ».[63]

Les activités pastorales du prêtre sont multiples. Si l'on pense aux conditions sociales et culturelles du monde actuel, il est facile de comprendre combien les prêtres sont guettés par le *danger de la dispersion* dans de nombreuses tâches différentes. Le Concile Vatican II a vu dans la charité pastorale le lien qui unifie leur vie et leurs activités. Elle découle, ajoute le Concile, « avant tout du Sacrifice eucharistique, qui est donc le centre et la racine de toute la vie du prêtre ».[64] On comprend alors l'importance pour la vie spirituelle du prêtre, autant que pour le bien de l'Église et du monde, de mettre en pratique la recommandation conciliaire de célébrer quotidiennement l'Eucharistie, « qui est vraiment, même s'il ne peut y avoir la présence de fidèles, action du Christ et de l'Église ».[65] De cette manière, le prêtre est en mesure de vaincre toutes les tensions qui le dispersent tout au long de ses journées, trouvant dans le Sacrifice eucharistique, vrai centre de sa vie et de son ministère, l'énergie spirituelle nécessaire pour affronter ses diverses tâches pastorales. Ainsi, ses journées deviendront vraiment eucharistiques.

Du caractère central de l'Eucharistie dans la vie et dans le ministère des prêtres découle aussi son caractère central dans la *pastorale en faveur des*

[63] Lettre apost. *Dominicæ Cenæ* (24 février 1980), n. 2: *AAS* 72 (1980), p. 115; *La Documentation catholique* 77 (1980), p. 301.

[64] Décret *Presbyterorum ordinis,* n. 14.

[65] *Ibid.,* n. 13; cf. *Code de Droit canonique*, can. 904; *Code des Canons des Églises orientales*, can. 378.

vocations sacerdotales. Tout d'abord, parce que la prière pour les vocations y trouve le lieu d'une très grande union avec la prière du Christ, grand prêtre éternel; mais aussi parce que le soin attentif apporté par les prêtres au ministère eucharistique, associé à la promotion de la participation consciente, active et fructueuse des fidèles à l'Eucharistie, constitue, pour les jeunes, un exemple efficace et un encouragement à répondre avec générosité à l'appel de Dieu. Ce dernier se sert souvent de l'exemple de charité pastorale zélée d'un prêtre pour répandre et faire grandir dans le cœur d'un jeune la semence de l'appel au sacerdoce.

32. Tout cela montre combien est douloureuse et anormale la situation d'une communauté chrétienne qui, tout en ayant les caractéristiques d'une paroisse quant au nombre et à la variété des fidèles, manque cependant d'un prêtre pour la guider. En effet, la paroisse est une communauté de baptisés qui expriment et consolident leur identité surtout à travers la célébration du Sacrifice eucharistique. Mais pour cela la présence d'un prêtre est nécessaire, lui seul ayant le pouvoir d'offrir l'Eucharistie *in persona Christi.* Quand la communauté est privée de prêtre, on cherche à juste titre à y remédier d'une certaine manière, afin que se poursuivent les célébrations dominicales, et, dans ce cas, les religieux et les laïcs qui guident leurs frères et sœurs dans la prière exercent de façon louable le sacerdoce commun de tous les fidèles, fondé sur la grâce du Baptême. Mais de telles solutions ne doivent être considérées que comme provisoires, durant le

temps où la communauté est en attente d'un prêtre.

Le caractère sacramentellement inachevé de ces célébrations doit avant tout inciter l'ensemble de la communauté à prier avec une plus grande ferveur pour que le Seigneur envoie des ouvriers à sa moisson (cf. *Mt* 9, 38); il doit aussi l'inciter à mettre en œuvre tous les autres éléments constitutifs d'une pastorale vocationelle adaptée, sans céder à la tentation de chercher des solutions dans l'affaiblissement des exigences relatives aux qualités morales et à la formation exigées des candidats au sacerdoce.

33. Lorsque, en raison du manque de prêtres, une participation à la charge pastorale d'une paroisse a été confiée à des fidèles non ordonnés, ceux-ci garderont présent à l'esprit que, comme l'enseigne le Concile Vatican II, « aucune communauté chrétienne ne s'édifie si elle n'a pas sa racine et son centre dans la célébration de la très sainte Eucharistie ».[66] Ils auront donc soin de maintenir vive dans la communauté une véritable « faim » de l'Eucharistie, qui conduit à ne laisser passer aucune occasion d'avoir la célébration de la Messe, en profitant même de la présence occasionnelle d'un prêtre, pourvu qu'il ne soit pas empêché de la célébrer par le droit de l'Église.

[66] Décret *Presbyterorum ordinis,* n. 6.

CHAPITRE IV

L'EUCHARISTIE ET LA COMMUNION ECCLÉSIALE

34. En 1985, l'Assemblée extraordinaire du Synode des Évêques a vu dans « l'ecclésiologie de communion » l'idée centrale et fondamentale des documents du Concile Vatican II.[67] Durant son pèlerinage sur la terre, l'Église est appelée à maintenir et à promouvoir aussi bien la communion avec le Dieu Trinité que la communion entres les fidèles. À cette fin, elle dispose de la Parole et des Sacrements, surtout de l'Eucharistie, dont elle reçoit continuellement « vie et croissance »[68] et dans laquelle, en même temps, elle s'exprime elle-même. Ce n'est pas par hasard que le terme *communion* est devenu l'un des noms spécifiques de ce très grand Sacrement.

L'Eucharistie apparaît donc comme le sommet de tous les Sacrements car elle porte à sa perfection la communion avec Dieu le Père, grâce à l'identification au Fils unique par l'action du Saint-Esprit. Avec une foi pénétrante, l'un des grands auteurs de la tradition byzantine exprimait cette vérité à propos de l'Eucharistie: « Ainsi ce

[67] Cf. Rapport final, II, C, 1: *L'Osservatore Romano,* 10 décembre 1985, p. 7; *La Documentation catholique* 83 (1986), p. 39.

[68] CONC. ŒCUM. VAT. II, Const. dogm. *Lumen gentium,* n. 26.

mystère est parfait, à la différence de tout autre rite, et il conduit à la cime même des biens, puisque là se trouve aussi la fin suprême de tout effort humain. Car c'est Dieu lui-même que nous rencontrons en lui, et Dieu s'unit à nous de l'union la plus parfaite».[69] C'est précisément pour cela qu'il est opportun de *cultiver dans les cœurs le désir constant du Sacrement de l'Eucharistie.* C'est ainsi qu'est née la pratique de la «communion spirituelle», heureusement répandue depuis des siècles dans l'Église et recommandée par de saints maîtres de vie spirituelle. Sainte Thérèse de Jésus écrivait: «Lorsque vous ne recevez pas la communion à la Messe que vous entendez, communiez spirituellement, c'est là une méthode très avantageuse [...]; vous imprimerez ainsi en vous un amour profond pour notre Seigneur».[70]

35. Toutefois, la célébration de l'Eucharistie ne peut pas être le point de départ de la communion, qu'elle présuppose comme existante, pour ensuite la consolider et la porter à sa perfection. Le Sacrement exprime ce lien de communion d'une part dans sa dimension *invisible* qui, dans le Christ, par l'action de l'Esprit Saint, nous lie au Père et entre nous, d'autre part dans sa dimension *visible* qui implique la communion dans la doctrine des Apôtres, dans les sacrements et dans l'ordre hiérarchique. Le rapport étroit qui existe entre les éléments invisibles et les éléments vi-

[69] Nicolas Cabasilas, *La vie en Christ,* IV, n. 10: *SCh,* 355, p. 271.

[70] S. Thérèse de Jésus, *Le chemin de la perfection*, ch. 37: *Œuvres complètes,* Paris (1948), p. 766.

sibles de la communion ecclésiale est constitutif de l'Église comme Sacrement du salut.[71] C'est seulement dans ce contexte qu'il y a la célébration légitime de l'Eucharistie et la véritable participation à ce Sacrement. Il en résulte une exigence intrinsèque à l'Eucharistie: qu'elle soit célébrée dans la communion et, concrètement, dans l'intégrité des conditions requises.

36. La communion invisible, tout en étant par nature toujours en croissance, suppose la vie de la grâce, par laquelle nous sommes rendus « participants de la nature divine » (*2 P* 1, 4), et la pratique des vertus de foi, d'espérance et de charité. En effet, c'est seulement ainsi que s'établit une vraie communion avec le Père, le Fils et le Saint-Esprit. La foi ne suffit pas; il convient aussi de persévérer dans la grâce sanctifiante et dans la charité, en demeurant au sein de l'Église « de corps » et « de cœur »;[72] il faut donc, pour le dire avec les paroles de saint Paul, « la foi opérant par la charité » (*Ga* 5, 6).

Le respect de la totalité des liens invisibles est un devoir moral strict pour le chrétien qui veut participer pleinement à l'Eucharistie en communiant au corps et au sang du Christ. Le même Apôtre rappelle ce devoir au fidèle par l'avertissement: « Que chacun, donc, s'éprouve soi-

[71] Cf. Congr. pour la Doctrine de la Foi, Lettre aux Évêques de l'Église catholique sur certains aspects de l'Église comprise comme communion *Communionis notio* (28 mai 1992), n. 4: *AAS* 85 (1993), pp. 839-840; *La Documentation catholique* 89 (1992), p. 730.

[72] Cf. Conc. œcum. Vat. II, Const. dogm. *Lumen gentium,* n. 14.

même, et qu'ainsi il mange de ce pain et boive de cette coupe » (*1 Co* 11, 28). Avec toute la force de son éloquence, saint Jean Chrysostome exhortait les fidèles: « Moi aussi, j'élève la voix, je supplie, je prie et je vous supplie de ne pas vous approcher de cette table sainte avec une conscience souillée et corrompue. Une telle attitude en effet ne s'appellera jamais communion, même si nous recevions mille fois le corps du Seigneur, mais plutôt condamnation, tourment et accroissement des châtiments ».[73]

Dans cette même perspective, le *Catéchisme de l'Église catholique* établit à juste titre: « Celui qui est conscient d'un péché grave doit recevoir le sacrement de la Réconciliation avant d'accéder à la communion ».[74] Je désire donc redire que demeure et demeurera toujours valable dans l'Église la norme par laquelle le Concile de Trente a appliqué concrètement la sévère admonition de l'Apôtre Paul, en affirmant que, pour une digne réception de l'Eucharistie, « si quelqu'un est conscient d'être en état de péché mortel, il doit, auparavant, confesser ses péchés ».[75]

37. L'Eucharistie et la Pénitence sont deux sacrements intimement liés. Si l'Eucharistie rend présent le Sacrifice rédempteur de la Croix, le

[73] *Homélies sur Isaïe 6*, 3: *PG* 56, 139.

[74] N. 1385; cf. *Code de Droit canonique,* can. 916; *Code des Canons des Églises orientales*, can. 711.

[75] Discours aux membres de la Pénitencerie apostolique et aux Pénitenciers des Basiliques patriarcales de Rome (30 janvier 1982): *AAS* 73 (1981), p. 203; cf. CONC. ŒCUM. DE TRENTE, Sess. XIII, *Décret sur la très sainte Eucharistie,* ch. 7 et can. 11: *DS*, nn. 1647. 1661; *La Foi catholique*, nn. 742. 755.

perpétuant sacramentellement, cela signifie que, de ce Sacrement, découle une exigence continuelle de conversion, de réponse personnelle à l'exhortation adressée par saint Paul aux chrétiens de Corinthe: « Au nom du Christ, nous vous le demandons: laissez-vous réconcilier avec Dieu » (*2 Co* 5, 20). Si le chrétien a sur la conscience le poids d'un péché grave, l'itinéraire de pénitence, à travers le sacrement de la Réconciliation, devient le passage obligé pour accéder à la pleine participation au Sacrifice eucharistique.

Évidemment, le jugement sur l'état de grâce appartient au seul intéressé, puisqu'il s'agit d'un jugement de conscience. Toutefois, en cas de comportement extérieur gravement, manifestement et durablement contraire à la norme morale, l'Église, dans son souci pastoral du bon ordre communautaire et par respect pour le Sacrement, ne peut pas ne pas sentir concernée. Cette situation de contradiction morale manifeste est traitée par la norme du Code de Droit canonique sur la non-admission à la communion eucharistique de ceux qui « persistent avec obstination dans un péché grave et manifeste ».[76]

38. La communion *ecclésiale,* comme je l'ai déjà rappelé, est aussi visible, et elle s'exprime à travers les liens énumérés par le même Concile lorsqu'il enseigne: « Sont pleinement incorporés à la société qu'est l'Église ceux qui, ayant l'Esprit du Christ, acceptent intégralement son organisation et tous les moyens de salut qui ont été ins-

[76] Can. 915; cf. *Code des Canons des Églises orientales*, can. 712.

tués en elle et qui, par les liens que constituent la profession de foi, les sacrements, le gouvernement et la communion ecclésiastiques, sont unis, dans l'organisme visible de l'Église, avec le Christ qui la régit par le Souverain Pontife et les évêques ».[77]

L'Eucharistie étant la plus haute manifestation sacramentelle de la communion dans l'Église, elle exige d'être célébrée aussi dans *un contexte de respect des liens extérieurs de communion.* De manière spéciale, parce qu'elle est « comme la consommation de la vie spirituelle et la fin de tous les sacrements »,[78] elle exige que soient réels les liens de la communion dans les sacrements, particulièrement le Baptême et l'Ordre sacerdotal. Il n'est pas possible de donner la communion à une personne qui n'est pas baptisée ou qui refuse la vérité intégrale de la foi sur le Mystère eucharistique. Le Christ est la vérité et rend témoignage à la vérité (cf. *Jn* 14, 6; 18, 37); le Sacrement de son corps et de son sang n'admet pas de mensonge.

39. Par ailleurs, en raison du caractère même de la communion ecclésiale et du rapport qu'elle entretient avec le Sacrement de l'Eucharistie, il faut rappeler que « le Sacrifice eucharistique, tout en étant toujours célébré dans une communauté particulière, n'est jamais une célébration de cette seule communauté: celle-ci en effet, en recevant la présence eucharistique du Seigneur, reçoit l'intégralité du don du salut et, bien que dans sa particularité visible permanente, elle se manifeste

[77] Const. dogm. *Lumen gentium,* n. 14.

[78] S. Thomas d'Aquin, *Somme théologique,* III, q. 73, a. 3.

aussi comme image et vraie présence de l'Église une, sainte, catholique et apostolique ».[79] Il en découle qu'une communauté vraiment eucharistique ne peut se replier sur elle-même, comme si elle était autosuffisante, mais qu'elle doit être en syntonie avec chaque autre communauté catholique.

La communion ecclésiale de l'assemblée eucharistique est communion avec *son Évêque* et avec le *Pontife romain*. En effet, l'Évêque est le principe visible et le fondement de l'unité dans son Église particulière.[80] Il serait donc tout à fait illogique que le Sacrement par excellence de l'unité de l'Église soit célébré sans une véritable communion avec l'Évêque. Saint Ignace d'Antioche écrivait: « Que cette Eucharistie soit seule regardée comme légitime, qui se fait sous la présidence de l'évêque ou de celui qu'il en a chargé ».[81] De la même manière, puisque « le Pontife romain, en qualité de successeur de Pierre, est le principe et le fondement permanents et visibles de l'unité, aussi bien des évêques que de la multitude des fidèles »,[82] la communion avec lui est une exigence intrinsèque de la célébration du Sacrifice eucharistique. De là vient la profonde vérité exprimée de diverses manières par la liturgie: « Toute célébration de l'Eucharistie est

[79] CONGR. POUR LA DOCTRINE DE LA FOI, Lettre *Communionis notio* (28 mai 1992), n. 11: *AAS* 85 (1993), p. 844; *La Documentation catholique* 89 (1992), p. 731.

[80] Cf. CONC. ŒCUM. VAT. II, Const. dogm. *Lumen gentium*, n. 23.

[81] *Lettre aux Smyrniotes*, VIII: *PG* 5, 713 ; *SCh* n. 10, p. 139.

[82] CONC. ŒCUM. VAT. II, Const. dogm. *Lumen gentium*, n. 23.

faite en union non seulement avec l'évêque, mais aussi avec le Pape, avec l'Ordre épiscopal, avec tout le clergé et le peuple tout entier. Toute célébration valide de l'Eucharistie exprime cette communion universelle avec Pierre et avec l'Église tout entière ou bien la réclame objectivement, comme dans le cas des Églises chrétiennes séparées de Rome ».[83]

40. L'Eucharistie *crée la communion* et *éduque à la communion*. Saint Paul écrivait aux fidèles de Corinthe, leur montrant combien leurs divisions, qui se manifestaient dans l'assemblée eucharistique, étaient en opposition avec ce qu'ils célébraient, la Cène du Seigneur. En conséquence, l'Apôtre les invitait à réfléchir sur la réalité véritable de l'Eucharistie, pour les faire revenir à un esprit de communion fraternelle (cf. *1 Co* 11, 17-34). Saint Augustin s'est efficacement fait l'écho de cette exigence. Rappelant la parole de l'Apôtre: « Vous êtes le corps du Christ et vous êtes les membres de ce corps » (*1 Co* 12, 27), il faisait remarquer: « Si donc vous êtes le Corps du Christ et ses membres, le symbole de ce que vous êtes se trouve déposé sur la table du Seigneur; vous y recevez votre propre mystère ».[84] Et il en tirait la conséquence suivante: « Notre Seigneur [...] a consacré sur la table le mystère de notre paix et de notre unité. Celui qui reçoit le mystère de l'unité, et ne reste pas dans les liens de la paix,

[83] CONGR. POUR LA DOCTRINE DE LA FOI, Lettre *Communionis notio* (28 mai 1992), n. 14: *AAS* 85 (1993), p. 847; *La Documentation catholique* 89 (1992), p. 732.

[84] *Sermon* 272: *PL* 38, 1247; *Œuvres complètes de saint Augustin*, Paris (1873), p. 399.

ne reçoit pas son mystère pour son salut; il reçoit un témoignage qui le condamne ».[85]

41. Cette promotion particulièrement efficace de la communion, qui est le propre de l'Eucharistie, est l'une des raisons de l'importance de la Messe dominicale. Sur cet aspect et sur les raisons qui le rendent essentiel à la vie de l'Église et des fidèles, je me suis longuement arrêté dans la lettre apostolique *Dies Domini*[86] sur la sanctification du dimanche. Je rappelais entre autre que pour les fidèles, participer à la Messe est une obligation, à moins qu'ils n'aient un empêchement grave, et de même, les Pasteurs ont de leur côté le devoir correspondant d'offrir à tous la possibilité effective de satisfaire au précepte.[87] Plus récemment, dans la Lettre apostolique *Novo millennio ineunte*, traçant le chemin pastoral de l'Église au début du troisième millénaire, j'ai voulu mettre particulièrement en relief l'Eucharistie dominicale, soulignant en quoi elle était efficacement créatrice de communion: « Elle est, écrivais-je, le lieu privilégié où la communion est constamment annoncée et entretenue. Précisément par la participation à l'Eucharistie, le *jour du Seigneur* devient aussi le *jour de l'Église,* qui peut exercer ainsi de manière efficace son rôle de sacrement d'unité ».[88]

[85] *Ibid.*,1248; *Œuvres complètes de saint Augustin, l.c.,* p. 400.

[86] Cf. nn. 31-51: *AAS* 90 (1998), pp. 731-746; *La Documentation catholique,* 95 (1998), pp. 666-672.

[87] Cf. *ibid.*, nn. 48-49: *AAS* 90 (1998), p. 744; *La Documentation catholique,* 95 (1998), p. 671.

[88] N. 36: *AAS* 93 (2001), pp. 291-292; *La Documentation catholique,* 98 (2001), p. 81.

42. Conserver et promouvoir la communion ecclésiale est une tâche pour tout fidèle, qui trouve dans l'Eucharistie, sacrement de l'unité de l'Église, un lieu pour manifester sa sollicitude d'une manière spéciale. Plus concrètement, cette tâche incombe avec une responsabilité particulière aux Pasteurs de l'Église, chacun à son rang et selon sa charge ecclésiastique. C'est pourquoi l'Église a donné des normes qui visent tout à la fois à favoriser l'accès fréquent et fructueux des fidèles à la table eucharistique, et à déterminer les conditions objectives dans lesquelles il faut s'abstenir d'administrer la communion. En favoriser avec soin la fidèle observance devient une expression effective d'amour envers l'Eucharistie et envers l'Église.

43. Considérant l'Eucharistie comme sacrement de la communion ecclésiale, il y a un argument à ne pas omettre en raison de son importance: je me réfère à son *lien avec l'engagement œcuménique.* Nous devons tous rendre grâce à la très sainte Trinité parce que, en ces dernières décennies, de nombreux fidèles partout dans le monde ont été touchés par le désir ardent de l'unité entre tous les chrétiens. Le Concile Vatican II, au début du décret sur l'œcuménisme, y reconnaît un don spécial de Dieu.[89] Cela a constitué une grâce efficace qui a engagé sur la route de l'œcuménisme aussi bien nous-mêmes, fils de l'Église catholique, que nos frères des autres Églises et Communautés ecclésiales.

Le désir de parvenir à l'unité nous incite à tourner nos regards vers l'Eucharistie, qui est le

[89] Cf. Décret *Unitatis redintegratio*, n. 1.

Sacrement par excellence de l'unité du peuple de Dieu, étant donné qu'il en est l'expression la plus parfaite et la source incomparable.[90] Dans la célébration du Sacrifice eucharistique, l'Église fait monter sa supplication vers Dieu, Père des miséricordes, pour qu'il donne à ses fils la plénitude de l'Esprit Saint, de sorte qu'ils deviennent dans le Christ un seul corps et un seul esprit.[91] En présentant cette prière au Père des lumières, de qui viennent « les dons les meilleurs et les présents merveilleux » (*Jc* 1, 17), l'Église croit en son efficacité, puisqu'elle prie en union avec le Christ Tête et Époux, lequel fait sienne la supplication de l'épouse, l'unissant à celle de son sacrifice rédempteur.

44. Précisément parce que l'unité de l'Église, que l'Eucharistie réalise par le sacrifice du Christ, et par la communion au corps et au sang du Seigneur, comporte l'exigence, à laquelle on ne saurait déroger, de la communion totale dans les liens de la profession de foi, des sacrements et du gouvernement ecclésiastique, il n'est pas possible de concélébrer la même liturgie eucharistique jusqu'à ce que soit rétablie l'intégrité de ces liens. Une telle concélébration ne saurait être un moyen valable et pourrait même constituer *un obstacle pour parvenir à la pleine communion,* minimisant la valeur de la distance qui nous sépare du but et introduisant ou avalisant des ambiguïtés sur telle ou telle vérité de foi. Le

[90] Cf. Const. dogm. *Lumen gentium,* n. 11.

[91] « Nous qui participons à l'unique pain et à l'unique coupe, fais que nous soyons unis les uns aux autres dans la communion de l'unique Esprit Saint »: *Anaphore de la Liturgie de saint Basile.*

chemin vers la pleine unité ne peut se faire que dans la vérité. En cette matière, les interdictions de la loi de l'Église ne laissent pas de place aux incertitudes,[92] conformément à la norme morale proclamée par le Concile Vatican II.[93]

Je voudrais cependant redire ce que j'ajoutais dans l'encyclique *Ut unum sint*, après avoir pris acte de l'impossibilité de partager la même Eucharistie: « Nous aussi, nous avons le désir ardent de célébrer ensemble l'unique Eucharistie du Seigneur, et ce désir devient déjà une louange commune et une même imploration. Ensemble, nous nous tournons vers le Père et nous le faisons toujours plus "d'un seul cœur" ».[94]

45. S'il n'est en aucun cas légitime de concélébrer lorsqu'il n'y a pas pleine communion, il n'en va pas de même en ce qui concerne l'administration de l'Eucharistie, *dans des circonstances spéciales, à des personnes* appartenant à des Églises ou à des Communautés ecclésiales qui ne sont pas en

[92] Cf. *Code de Droit canonique,* can. 908; *Code des Canons des Églises orientales*, can. 702; Conseil pont. pour la Promotion de l'Unité des Chrétiens, *Directoire pour l'œcuménisme* (25 mars 1993), nn. 122-125, 129-131: *AAS* 85 (1993), pp. 1086-1089; *La Documentation catholique,* 90 (1993), pp. 630-631; Congr. pour la Doctrine de la Foi, Lettre *Ad exsequendam,* 18 mai 2001: *AAS* (2001), p. 786; *La Documentation catholique*, 99 (2002), pp. 364-365.

[93] « La *communicatio in sacris,* si elle porte atteinte à l'unité de l'Église ou si elle implique une adhésion formelle à l'erreur ou un risque d'égarement dans la foi, de scandale ou d'indifférentisme, est interdite par la loi divine »: Conc. œcum. Vat. II, Décret sur les Églises orientales catholiques *Orientalium Ecclesiarum,* n. 26.

[94] N. 45: *AAS* 87 (1995), p. 948; *La Documentation catholique*, 92 (1995), p. 579.

pleine communion avec l'Église catholique. Dans ce cas en effet, l'objectif est de pourvoir à un sérieux besoin spirituel pour le salut éternel de ces personnes, et non de réaliser une *intercommunion,* impossible tant que ne sont pas pleinement établis les liens visibles de la communion ecclésiale.

C'est en ce sens que s'est exprimé le Concile Vatican II quand il a déterminé la conduite à tenir avec les Orientaux qui, se trouvant en toute bonne foi séparés de l'Église catholique, demandent spontanément à recevoir l'Eucharistie d'un ministre catholique et qui ont les dispositions requises.[95] Cette façon d'agir a été depuis ratifiée par les deux Codes de Droit, dans lesquels est considéré aussi, avec les adaptations nécessaires, le cas des autres chrétiens non orientaux qui ne sont pas en pleine communion avec l'Église catholique.[96]

46. Dans l'encyclique *Ut unum sint,* j'ai moimême manifesté combien j'apprécie ces normes qui permettent de pourvoir au salut des âmes avec le discernement nécessaire: « C'est un motif de joie que les ministres catholiques puissent, en des cas particuliers déterminés, administrer les sacrements de l'Eucharistie, de la pénitence, de l'onction des malades, à d'autres chrétiens qui ne sont pas en pleine communion avec l'Église catholique, mais qui désirent ardemment les recevoir, qui les demandent librement et qui partagent la foi que l'Église catholique confesse dans ces sacrements. Réciproquement, dans des cas

[95] Cf. Décret *Orientalium Ecclesiarum,* n. 27.

[96] Cf. *Code de Droit canonique,* can. 844, §§ 3-4; *Code des Canons des Églises orientales*, can. 671, §§ 3-4.

déterminés et pour des circonstances particulières, les catholiques peuvent aussi recourir pour ces mêmes sacrements aux ministres des Églises dans lesquelles ils sont valides ».[97]

Il convient d'être très attentif à ces conditions, qui ne souffrent pas d'exception, bien qu'il s'agisse de cas particuliers biens déterminés, car le refus d'une ou de plusieurs vérités de foi sur ces sacrements, et, parmi elles, de celle qui concerne la nécessité du sacerdoce ministériel pour que ces sacrements soient valides, fait que leur administration est illégitime parce que celui qui les demande n'a pas les dispositions voulues. À l'inverse, un fidèle catholique ne pourra pas recevoir la communion dans une communauté qui n'a pas de sacrement de l'Ordre valide.[98]

La fidèle observance de l'ensemble des normes établies en la matière[99] est à la fois manifestation et garantie d'amour tout autant envers Jésus Christ dans le très saint Sacrement qu'à l'égard des frères d'autres confessions chrétiennes, auxquels est dû le témoignage de la vérité, et qu'envers la cause même de la promotion de l'unité.

[97] N. 46: *AAS* 87 (1995), p. 948; *La Documentation catholique*, 92 (1995), pp. 580.

[98] Cf. Conc. œcum. Vat. II, Décret *Unitatis redintegratio*, n. 22.

[99] Cf. *Code de Droit canonique,* can. 844; *Code des Canons des Églises orientales*, can. 671.

CHAPITRE V

LA DIGNITÉ DE LA CÉLÉBRATION EUCHARISTIQUE

47. Celui qui lit le récit de l'institution de l'Eucharistie dans les Évangiles synoptiques est frappé tout à la fois par la simplicité et par la «gravité» avec lesquelles Jésus, le soir de la dernière Cène, institue ce grand Sacrement. Il y a un épisode qui, en un sens, lui sert de prélude: c'est *l'onction à Béthanie.* Une femme, que Jean identifie à Marie, sœur de Lazare, verse sur la tête de Jésus un flacon de *parfum précieux,* provoquant chez les disciples — en particulier chez Judas (cf. *Mt* 26, 8; *Mc* 14, 4; *Jn* 12, 4) — une réaction de protestation, comme si un tel geste constituait un «gaspillage» intolérable en regard des besoins des pauvres. Le jugement de Jésus est cependant bien différent. Sans rien ôter au devoir de charité envers les indigents, auprès desquels les disciples devront toujours se dévouer — «Des pauvres, vous en aurez toujours avec vous» (*Mt* 26, 11; *Mc* 14, 7; cf. *Jn* 12, 8) —, Jésus pense à l'événement imminent de sa mort et de sa sépulture, et il voit dans l'onction qui vient de lui être donnée une anticipation de l'honneur dont son corps continuera à être digne même après sa mort, car il est indissolublement lié au mystère de sa personne.

Dans les Évangiles synoptiques, le récit se poursuit avec l'ordre que donne Jésus à ses disciples de *préparer minutieusement la « grande salle »* nécessaire pour prendre le repas pascal (cf. *Mc* 14, 15; *Lc* 22, 12) et avec le récit de l'institution de l'Eucharistie. Faisant entrevoir au moins en partie le cadre des rites juifs qui structurent le repas pascal jusqu'au chant du Hallel (cf. *Mt* 26, 30; *Mc* 14, 26), le récit propose de façon aussi concise que solennelle, même dans les variantes des différentes traditions, les paroles prononcées par le Christ sur le pain et sur le vin, qu'il assume comme expressions concrètes de son corps livré et de son sang versé. Tous ces détails sont rappelés par les Évangélistes à la lumière d'une pratique de la « fraction du pain » désormais affermie dans l'Église primitive. Mais assurément, à partir de l'histoire vécue par Jésus, l'événement du Jeudi saint porte de manière visible les traits d'une « sensibilité » liturgique modelée sur la tradition vétéro-testamentaire et prête à se remodeler dans la célébration chrétienne en harmonie avec le nouveau contenu de la Pâque.

48. Comme la femme de l'onction à Béthanie, *l'Église n'a pas craint de « gaspiller »,* plaçant le meilleur de ses ressources pour exprimer son admiration et son adoration face *au don incommensurable de l'Eucharistie.* De même que les premiers disciples chargés de préparer la « grande salle », elle s'est sentie poussée, au cours des siècles et dans la succession des cultures, à célébrer l'Eucharistie dans un contexte digne d'un si grand Mystère. *La liturgie chrétienne* est née dans le sillage des paroles et des gestes de Jésus, développant l'héritage ri-

tuel du judaïsme. Et en effet, comment pourrait-on jamais exprimer de manière adéquate l'accueil du don que l'Époux divin fait continuellement de lui-même à l'Église-Épouse, en mettant à la portée des générations successives de croyants le Sacrifice offert une fois pour toutes sur la Croix et en se faisant nourriture pour tous les fidèles? Si la logique du « banquet » suscite un esprit de famille, l'Église n'a jamais cédé à la tentation de banaliser cette « familiarité » avec son Époux en oubliant qu'il est aussi son Seigneur et que le « banquet » demeure pour toujours un banquet sacrificiel, marqué par le sang versé sur le Golgotha. *Le Banquet eucharistique est vraiment un banquet « sacré »,* dans lequel la simplicité des signes cache la profondeur insondable de la sainteté de Dieu: « *O Sacrum convivium, in quo Christus sumitur!* ». Le pain qui est rompu sur nos autels, offert à notre condition de pèlerins en marche sur les chemins du monde, est « *panis angelorum* », pain des anges, dont on ne peut s'approcher qu'avec l'humilité du centurion de l'Évangile: « Seigneur, je ne suis pas digne que tu entres sous mon toit » (*Mt* 8, 8; *Lc* 7, 6).

49. En se laissant porter par ce sens élevé du mystère, on comprend que la foi de l'Église dans le Mystère eucharistique se soit exprimée dans l'histoire non seulement par la requête d'une attitude intérieure de dévotion, mais aussi *par une série d'expressions extérieures,* destinées à évoquer et à souligner la grandeur de l'événement célébré. De là naît le parcours qui a conduit progressivement à délimiter *un statut spécial de réglementation pour la liturgie eucharistique,* dans le respect des

diverses traditions ecclésiales légitimement constituées. Sur cette base s'est aussi développé *un riche patrimoine artistique.* L'architecture, la sculpture, la peinture, la musique, en se laissant orienter par le mystère chrétien, ont trouvé dans l'Eucharistie, directement ou indirectement, un motif de grande inspiration.

Il en a été ainsi par exemple pour l'architecture, qui, dès que le contexte historique l'a permis, a vu le lieu des premières Célébrations eucharistiques passer des « *domus* » des familles chrétiennes aux *basiliques* solennelles des premiers siècles, puis aux imposantes *cathédrales* du Moyen-Âge, et finalement aux *églises,* grandes et petites, qui se sont multipliées progressivement sur les terres où le christianisme est parvenu. La forme des autels et des tabernacles s'est développée dans les espaces liturgiques, suivant, d'une fois sur l'autre, non seulement les élans de l'inspiration, mais aussi les indications d'une compréhension précise du Mystère. On peut en dire autant de la *musique sacrée,* en pensant simplement à l'inspiration des mélodies grégoriennes, aux nombreux auteurs, et biens souvent grands auteurs, qui se sont mesurés aux textes liturgiques de la Messe. Et ne voit-on pas, dans le domaine des objets et des ornements utilisés pour la célébration liturgique, une quantité importante de *productions artistiques,* allant des réalisations d'un bon artisanat jusqu'aux véritables œuvres d'art?

On peut dire alors que, si l'Eucharistie a modelé l'Église et la spiritualité, elle a aussi influencé fortement la « culture », spécialement dans le domaine esthétique.

50. Les chrétiens d'Occident et d'Orient ont « rivalisé » dans cet effort d'adoration du Mystère, sous l'aspect rituel et esthétique. Comment ne pas rendre grâce au Seigneur, en particulier pour la contribution apportée à l'art chrétien par les grandes œuvres d'architecture et de peinture de la tradition gréco-byzantine et de toute l'aire géographique et culturelle slave? En Orient, l'art sacré a conservé un sens singulièrement fort du mystère, qui poussa les artistes à concevoir leur effort de production du beau non seulement comme une expression de leur génie, mais aussi comme *un service authentique rendu à la foi.* Allant bien au-delà de la simple habileté technique, ils ont su s'ouvrir avec docilité au souffle de l'Esprit de Dieu.

Les splendeurs de l'architecture et des mosaïques dans l'Orient et dans l'Occident chrétiens sont un patrimoine universel des croyants, et elles portent en elles un souhait, je dirais même un gage, de la plénitude tant désirée de la communion dans la foi et dans la célébration. Cela suppose et exige, comme dans la célèbre icône de la Trinité de Roublev, *une Église profondément « eucharistique »,* où le partage du mystère du Christ dans le pain rompu est comme immergé dans l'ineffable unité des trois Personnes divines, faisant de l'Église elle-même une « icône » de la Trinité.

Dans cette perspective d'un art qui tend à exprimer, à travers tous ses éléments, le sens de l'Eucharistie selon l'enseignement de l'Église, il convient de prêter une attention soutenue aux normes qui concernent *la construction et l'ameublement des édifices sacrés.* L'espace de création que l'Église a toujours laissé aux artistes est large, comme l'histoire le montre et ainsi que je l'ai moi-même souligné dans la *Lettre aux artistes*.[100] Mais l'art sacré doit se caractériser par sa capacité d'exprimer de manière adéquate le Mystère accueilli dans la plénitude de la foi de l'Église et selon les indications pastorales convenables données par l'Autorité compétente. Cela vaut tout autant pour les arts figuratifs que pour la musique sacrée.

51. Ce qui s'est produit dans les terres de vieille chrétienté en matière d'art sacré et de discipline liturgique est en train de se développer aussi *sur les continents où le christianisme est plus jeune.* C'est là l'orientation qui a été donnée précisément par le Concile Vatican II concernant l'exigence d'une « inculturation » à la fois saine et nécessaire. Au cours de mes nombreux voyages pastoraux, j'ai pu observer, dans toutes les régions du monde, la vitalité qui peut se manifester dans les Célébrations eucharistiques au contact des formes, des styles et des sensibilités des différentes cultures. En s'adaptant aux conditions changeantes de temps et d'espace, l'Eucharistie offre une nourriture non seulement aux personnes, mais aux peuples eux-mêmes, et elle modèle des cultures inspirées par l'esprit chrétien.

Il est toutefois nécessaire que ce travail important d'adaptation soit accompli avec la conscience permanente du Mystère ineffable avec lequel chaque génération est invitée à se mesurer. Le « trésor » est trop grand et trop

[100] Cf. *AAS* 91 (1999), pp. 1155-1172: *La Documentation catholique* 96 (1999), pp. 451-458.

précieux pour que l'on risque de l'appauvrir ou de lui porter atteinte par des expériences ou des pratiques introduites sans qu'elles fassent l'objet d'une vérification attentive des Autorités ecclésiastiques compétentes. Par ailleurs, le caractère central du Mystère eucharistique est tel qu'il exige que cette vérification s'accomplisse en liaison étroite avec le Saint-Siège. Comme je l'écrivais dans l'exhortation apostolique post-synodale *Ecclesia in Asia*, « une telle collaboration est essentielle parce que la sainte Liturgie exprime et célèbre la foi unique professée par tous et, étant l'héritage de toute l'Église, elle ne peut pas être déterminée par les Églises locales isolément, sans référence à l'Église universelle ».[101]

52. De ce qui vient d'être dit, on comprend la grande responsabilité qui, dans la Célébration eucharistique, incombe surtout aux prêtres, auxquels il revient de la présider *in persona Christi*, assurant un témoignage et un service de la communion non seulement pour la communauté qui participe directement à la célébration, mais aussi pour l'Église universelle, qui est toujours concernée par l'Eucharistie. Il faut malheureusement déplorer que, surtout à partir des années de la réforme liturgique post-conciliaire, en raison d'un sens mal compris de la créativité et de l'adaptation *les abus n'ont pas manqué,* et ils ont été des motifs de souffrance pour beaucoup. Une certaine réaction au « formalisme » a poussé

[101] N. 22: *AAS* 92 (2000), p. 485; *La Documentation catholique* 96 (1999), p. 991.

quelques-uns, en particulier dans telle ou telle région, à estimer que les « formes » choisies par la grande tradition liturgique de l'Église et par son Magistère ne s'imposaient pas, et à introduire des innovations non autorisées et souvent de mauvais goût.

C'est pourquoi je me sens le devoir de lancer un vigoureux appel pour que, dans la Célébration eucharistique, les normes liturgiques soient observées avec une grande fidélité. Elles sont une expression concrète du caractère ecclésial authentique de l'Eucharistie; tel est leur sens le plus profond. La liturgie n'est jamais la propriété privée de quelqu'un, ni du célébrant, ni de la communauté dans laquelle les Mystères sont célébrés. L'Apôtre Paul dut adresser des paroles virulentes à la communauté de Corinthe pour dénoncer les manquements graves à la Célébration eucharistique, manquements qui avaient conduit à des divisions (*schísmata*) et à la formation de factions (*airéseis*) (cf. *1 Co* 11, 17-34). À notre époque aussi, l'obéissance aux normes liturgiques devrait être redécouverte et mise en valeur comme un reflet et un témoignage de l'Église une et universelle, qui est rendue présente en toute célébration de l'Eucharistie. Le prêtre qui célèbre fidèlement la Messe selon les normes liturgiques et la communauté qui s'y conforme manifestent, de manière silencieuse mais éloquente, leur amour pour l'Église. Précisément pour renforcer ce sens profond des normes liturgiques, j'ai demandé aux Dicastères compétents de la Curie romaine de préparer un document plus spécifique, avec des rappels d'ordre également juridique, sur ce thème d'une grande importance. Il n'est permis à personne de sous-évaluer le Mystère remis entre nos mains: il est trop grand pour que quelqu'un puisse se permettre de le traiter à sa guise, ne respectant ni son caractère sacré ni sa dimension universelle.

CHAPITRE VI

À L'ÉCOLE DE MARIE, FEMME « EUCHARISTIQUE »

53. Si nous voulons redécouvrir dans toute sa richesse le rapport intime qui unit l'Église et l'Eucharistie, nous ne pouvons pas oublier Marie, Mère et modèle de l'Église. Dans la lettre apostolique *Rosarium Virginis Mariæ*, en désignant la Vierge très sainte comme Maîtresse dans la contemplation du visage du Christ, j'ai inscrit *l'institution de l'Eucharistie* parmi les mystères lumineux.[102] Marie peut en effet nous guider vers ce très saint Sacrement, car il existe entre elle et lui une relation profonde.

À première vue, l'Évangile reste silencieux sur ce thème. Dans le récit de l'institution, au soir du Jeudi saint, on ne parle pas de Marie. On sait par contre qu'elle était présente parmi les Apôtres, unis « d'un seul cœur dans la prière » (cf. *Ac* 1, 14), *dans la première communauté rassemblée après l'Ascension dans l'attente de la Pentecôte*. Sa présence ne pouvait certes pas faire défaut dans les Célébrations eucharistiques parmi les fidèles de la première génération chrétienne, assidus « à la fraction du pain » (*Ac* 2, 42).

[102] Cf. n. 21: *AAS* 95 (2003), p. 20; *La Documentation catholique* 99 (2002), pp. 959-960.

Mais en allant au-delà de sa participation au Banquet eucharistique, on peut deviner indirectement le rapport entre Marie et l'Eucharistie à partir de son attitude intérieure. *Par sa vie tout entière, Marie est une femme « eucharistique »*. L'Église, regardant Marie comme son modèle, est appelée à l'imiter aussi dans son rapport avec ce Mystère très saint.

54. *Mysterium fidei!* Si l'Eucharistie est un mystère de foi qui dépasse notre intelligence au point de nous obliger à l'abandon le plus pur à la parole de Dieu, nulle personne autant que Marie ne peut nous servir de soutien et de guide dans une telle démarche. Lorsque nous refaisons le geste du Christ à la dernière Cène en obéissance à son commandement: « Faites cela en mémoire de moi! » (*Lc* 22, 19), nous accueillons en même temps l'invitation de Marie à lui obéir sans hésitation: « Faites tout ce qu'il vous dira » (*Jn* 2, 5). Avec la sollicitude maternelle dont elle témoigne aux noces de Cana, Marie semble nous dire: « N'ayez aucune hésitation, ayez confiance dans la parole de mon Fils. Lui, qui fut capable de changer l'eau en vin, est capable également de faire du pain et du vin son corps et son sang, transmettant aux croyants, dans ce mystère, la mémoire vivante de sa Pâque, pour se faire ainsi "pain de vie" ».

55. En un sens, Marie a exercé sa *foi eucharistique* avant même l'institution de l'Eucharistie, par le fait même qu'elle *a offert son sein virginal pour l'incarnation du Verbe de Dieu*. Tandis que l'Eucharistie renvoie à la passion et à la résurrection, elle se

situe simultanément en continuité de l'Incarnation. À l'Annonciation, Marie a conçu le Fils de Dieu dans la vérité même physique du corps et du sang, anticipant en elle ce qui dans une certaine mesure se réalise sacramentellement en tout croyant qui reçoit, sous les espèces du pain et du vin, le corps et le sang du Seigneur.

Il existe donc une *analogie profonde* entre le *fiat* par lequel Marie répond aux paroles de l'Ange et l'*amen* que chaque fidèle prononce quand il reçoit le corps du Seigneur. À Marie, il fut demandé de croire que celui qu'elle concevait « par l'action de l'Esprit Saint » était le « Fils de Dieu » (cf. *Lc* 1, 30-35). Dans la continuité avec la foi de la Vierge, il nous est demandé de croire que, dans le Mystère eucharistique, ce même Jésus, Fils de Dieu et Fils de Marie, se rend présent dans la totalité de son être humain et divin, sous les espèces du pain et du vin.

« Heureuse celle qui a cru » (*Lc* 1, 45): dans le mystère de l'Incarnation, Marie a aussi anticipé la foi eucharistique de l'Église. Lorsque, au moment de la Visitation, elle porte en son sein le Verbe fait chair, elle devient, en quelque sorte, un « tabernacle » — le premier « tabernacle » de l'histoire — dans lequel le Fils de Dieu, encore invisible aux yeux des hommes, se présente à l'adoration d'Élisabeth, « irradiant » quasi sa lumière à travers les yeux et la voix de Marie. Et le regard extasié de Marie, contemplant le visage du Christ qui vient de naître et le serrant dans ses bras, n'est-il pas le modèle d'amour inégalable qui doit inspirer chacune de nos communions eucharistiques?

56. Durant toute sa vie au côté du Christ et non seulement au Calvaire, Marie a fait sienne la *dimension sacrificielle de l'Eucharistie.* Quand elle porta l'enfant Jésus au temple de Jérusalem « pour le présenter au Seigneur » (*Lc* 2, 22), elle entendit le vieillard Syméon lui annoncer que cet Enfant serait un « signe de division » et qu'une « épée » devait aussi transpercer le cœur de sa mère (cf. *Lc* 2, 34-35). Le drame de son Fils crucifié était ainsi annoncé à l'avance, et d'une certaine manière était préfiguré le « *stabat Mater* » de la Vierge au pied de la Croix. Se préparant jour après jour au Calvaire, Marie vit une sorte « d'Eucharistie anticipée », à savoir une « communion spirituelle » de désir et d'offrande, dont l'accomplissement se réalisera par l'union avec son Fils au moment de la passion et qui s'exprimera ensuite, dans le temps après Pâques, par sa participation à la Célébration eucharistique, présidée par les Apôtres, en tant que « mémorial » de la passion.

Comment imaginer les sentiments de Marie, tandis qu'elle écoutait, de la bouche de Pierre, de Jean, de Jacques et des autres Apôtres, les paroles de la dernière Cène: « Ceci est mon corps, donné pour vous » (*Lc* 22, 19)? Ce corps offert en sacrifice, et représenté sous les signes sacramentels, était le même que celui qu'elle avait conçu en son sein! Recevoir l'Eucharistie devait être pour Marie comme si elle accueillait de nouveau en son sein ce cœur qui avait battu à l'unisson du sien et comme si elle revivait ce dont elle avait personnellement fait l'expérience au pied de la Croix.

57. «Faites cela en mémoire de moi» (*Lc* 22, 19). Dans le «mémorial» du Calvaire est présent tout ce que le Christ a accompli dans sa passion et dans sa mort. C'est pourquoi *ce que le Christ a accompli envers sa Mère,* il l'accomplit aussi en notre faveur. Il lui a en effet confié le disciple bien-aimé et, en ce disciple, il lui confie également chacun de nous: «Voici ton fils!». De même, il dit aussi à chacun de nous: «Voici ta mère!» (cf. *Jn* 19, 26-27).

Vivre dans l'Eucharistie le mémorial de la mort du Christ suppose aussi de recevoir continuellement ce don. Cela signifie prendre chez nous — à l'exemple de Jean — celle qui chaque fois nous est donnée comme Mère. Cela signifie en même temps nous engager à nous conformer au Christ, en nous mettant à l'école de sa Mère et en nous laissant accompagner par elle. Marie est présente, avec l'Église et comme Mère de l'Église, en chacune de nos Célébrations eucharistiques. Si Église et Eucharistie constituent un binôme inséparable, il faut en dire autant du binôme Marie et Eucharistie. C'est pourquoi aussi la mémoire de Marie dans la Célébration eucharistique se fait de manière unanime, depuis l'antiquité, dans les Églises d'Orient et d'Occident.

58. Dans l'Eucharistie, l'Église s'unit pleinement au Christ et à son sacrifice, faisant sien l'esprit de Marie. C'est une vérité que l'on peut approfondir en *relisant le Magnificat dans une perspective eucharistique.* En effet, comme le cantique de Marie, l'Eucharistie est avant tout une louange et une action de grâce. Quand Marie s'exclame: «Mon âme exalte le Seigneur et mon esprit exulte

en Dieu mon Sauveur », Jésus est présent en son sein. Elle loue le Père « pour » Jésus, mais elle le loue aussi « en » Jésus et « avec » Jésus. Telle est précisément la véritable « attitude eucharistique ».

En même temps, Marie fait mémoire des merveilles opérées par Dieu dans l'histoire du salut, selon la promesse faites à nos pères (cf. *Lc* 1, 55), et elle annonce la merveille qui les dépasse toutes, l'Incarnation rédemptrice. Enfin, dans le *Magnificat* est présente la tension eschatologique de l'Eucharistie. Chaque fois que le Fils de Dieu se présente à nous dans la « pauvreté » des signes sacramentels, pain et vin, est semé dans le monde le germe de l'histoire nouvelle dans laquelle les puissants sont « renversés de leurs trônes » et les humbles sont « élevés » (cf. *Lc* 1, 52). Marie chante les « cieux nouveaux » et la « terre nouvelle » qui, dans l'Eucharistie, trouvent leur anticipation et en un sens leur « dessein » programmé. Si le *Magnificat* exprime la spiritualité de Marie, rien ne nous aide à vivre le mystère eucharistique autant que cette spiritualité. L'Eucharistie nous est donnée pour que notre vie, comme celle de Marie, soit tout entière un *Magnificat!*

CONCLUSION

59. «*Ave verum corpus natum de Maria Virgine!*». Il y a quelques années, j'ai célébré le cinquantième anniversaire de mon ordination sacerdotale. Je ressens aujourd'hui comme une grâce le fait d'offrir à l'Église cette encyclique sur l'Eucharistie en ce Jeudi saint qui tombe en la *vingt-cinquième année de mon ministère pétrinien.* Cela me remplit le cœur de gratitude. Depuis plus d'un demi-siècle, chaque jour, à partir de ce 2 novembre 1946 où j'ai célébré ma première Messe dans la crypte Saint-Léonard de la cathédrale du Wawel à Cracovie, mes yeux se sont concentrés sur l'hostie et sur le calice, dans lesquels le temps et l'espace se sont en quelque sorte «contractés» et dans lesquels le drame du Golgotha s'est à nouveau rendu présent avec force, dévoilant sa mystérieuse «contemporanéité». Chaque jour, ma foi m'a permis de reconnaître dans le pain et le vin consacrés le divin Pèlerin qui, un certain jour, fit route avec les deux disciples d'Emmaüs pour ouvrir leurs yeux à la lumière et leur cœur à l'espérance (cf. *Lc* 24, 13-35).

Frères et sœurs très chers, permettez que, dans un élan de joie intime, en union avec votre foi et pour la confirmer, je donne mon propre témoignage de foi en la très sainte Eucharistie. «*Ave verum corpus natum de Maria Virgine, / vere passum, immolatum, in cruce pro homine!*». Ici se trouve le trésor de l'Église, le cœur du monde, le gage du terme auquel aspire tout homme, même inconsciemment. Il est grand ce mystère, assurément il nous dépasse et il met à rude épreuve les possibilités de notre esprit d'aller au-delà des apparences. Ici, nos sens défaillent — «*visus, tactus, gustus in te fallitur*», est-il dit dans l'hymne *Adoro te devote* —, mais notre foi seule, enracinée dans la parole du Christ transmise par les Apôtres, nous suffit. Permettez que, comme Pierre à la fin du discours eucharistique dans l'Évangile de Jean, je redise au Christ, au nom de toute l'Église, au nom de chacun d'entre vous: «Seigneur, à qui irons-nous? Tu as les paroles de la vie éternelle» (*Jn* 6, 68).

60. À l'aube de ce troisième millénaire, nous tous, fils et filles de l'Église, nous sommes invités à progresser avec un dynamisme renouvelé dans la vie chrétienne. Comme je l'ai écrit dans la lettre apostolique *Novo millennio ineunte*, «il ne s'agit pas d'inventer un "nouveau programme". Le programme existe déjà: c'est celui de toujours, tiré de l'Évangile et de la Tradition vivante. Il est centré, en dernière analyse, sur le Christ lui-même, qu'il faut connaître, aimer, imiter, pour vivre en lui la vie trinitaire et pour transformer avec lui l'histoire jusqu'à son achèvement dans la Jérusalem céleste».[103] La réalisation de ce programme d'un élan renouvelé dans la vie chrétienne passe par l'Eucharistie.

[103] N. 29: *AAS* 93 (2001) p. 285; *La Documentation catholique* 98 (2001), p. 78.

Tout engagement vers la sainteté, toute action visant à l'accomplissement de la mission de l'Église, toute mise en œuvre de plans pastoraux, doit puiser dans le mystère eucharistique la force nécessaire et s'orienter vers lui comme vers le sommet. Dans l'Eucharistie, nous avons Jésus, nous avons son sacrifice rédempteur, nous avons sa résurrection, nous avons le don de l'Esprit Saint, nous avons l'adoration, l'obéissance et l'amour envers le Père. Si nous négligions l'Eucharistie, comment pourrions-nous porter remède à notre indigence?

61. Le mystère eucharistique — sacrifice, présence, banquet — *n'admet ni réduction ni manipulation;* il doit être vécu dans son intégrité, que ce soit dans l'acte de la célébration ou dans l'intime échange avec Jésus que l'on vient de recevoir dans la communion, ou encore dans le temps de prière et d'adoration eucharistique en dehors de la Messe. L'Église s'édifie alors solidement et ce qu'elle est vraiment est exprimé: une, sainte, catholique et apostolique; peuple, temple et famille de Dieu; corps et épouse du Christ, animée par l'Esprit Saint; sacrement universel du salut et communion hiérarchiquement structurée.

La voie que l'Église parcourt en ces premières années du troisième millénaire est aussi un *chemin d'engagement œcuménique renouvelé.* Les dernières décennies du deuxième millénaire, qui ont culminé avec le grand Jubilé, nous ont poussés dans cette direction, encourageant tous les baptisés à répondre à la prière de Jésus «*ut unum sint*» (*Jn* 17, 11). Un tel chemin est long, hérissé d'obstacles qui dépassent les forces humaines; mais nous avons l'Eucharistie, et, en sa présence, nous pouvons entendre au fond de notre cœur, comme si elles nous étaient adressées, les paroles mêmes qu'entendit le prophète Élie: « Lève-toi et mange, autrement le chemin sera trop long pour toi » (*1 R* 19, 7). Le trésor eucharistique que le Seigneur a mis à notre disposition nous pousse vers l'objectif du partage plénier de ce trésor avec tous les frères auxquels nous unit le même Baptême. Toutefois, pour ne pas gaspiller un tel trésor, il faut respecter les exigences liées au fait qu'il est le Sacrement de la communion dans la foi et dans la succession apostolique.

En donnant à l'Eucharistie toute l'importance qu'elle mérite et en veillant avec une grande attention à n'en atténuer aucune dimension ni aucune exigence, nous montrons que nous sommes profondément conscients de la grandeur de ce don. Nous y sommes aussi invités par une tradition ininterrompue qui, dès les premiers siècles, a vu la communauté chrétienne attentive à conserver ce « trésor ». Poussée par l'amour, l'Église se préoccupe de transmettre aux générations chrétiennes à venir, sans en perdre un seul élément, la foi et la doctrine sur le mystère eucharistique. Il n'y a aucun risque d'exagération dans l'attention que l'on porte à ce Mystère, car « dans ce Sacrement se résume tout le mystère de notre salut ».[104]

62. Chers frères et sœurs, mettons-nous *à l'école des saints,* grands interprètes de la piété eucharistique authentique. En eux, la théologie de l'Eu-

[104] S. THOMAS D'AQUIN, *Somme théologique*, III, q. 83, a. 4 c.

charistie acquiert toute la splendeur du vécu, elle nous « imprègne » et pour ainsi dire nous « réchauffe ». Mettons-nous surtout *à l'écoute de la très sainte Vierge Marie* en qui, plus qu'en quiconque, le Mystère de l'Eucharistie resplendit comme *mystère lumineux*. En nous tournant vers elle, nous connaissons la *force transformante de l'Eucharistie.* En elle, nous voyons le monde renouvelé dans l'amour. En la contemplant, elle qui est montée au Ciel avec son corps et son âme, nous découvrons quelque chose des « cieux nouveaux » et de la « terre nouvelle » qui s'ouvriront à nos yeux avec le retour du Christ. L'Eucharistie en est ici-bas le gage et d'une certaine manière l'anticipation: « *Veni, Domine Iesu!* » (*Ap* 22, 20).

Sous les humbles espèces du pain et du vin, transsubstantiés en son corps et en son sang, le Christ marche avec nous, étant pour nous force et viatique, et il fait de nous, pour tous nos frères, des témoins d'espérance. Si, face à ce mystère, la raison éprouve ses limites, le cœur, illuminé par la grâce de l'Esprit Saint, comprend bien quelle doit être son attitude, s'abîmant dans l'adoration et dans un amour sans limites.

Faisons nôtres les sentiments de saint Thomas d'Aquin, théologien par excellence et en même temps chantre passionné du Christ en son Eucharistie, et laissons notre âme s'ouvrir aussi à la contemplation du but promis, vers lequel notre cœur aspire, assoiffé qu'il est de joie et de paix:

« Bone pastor, panis vere,
Iesu, nostri miserere... ».

Bon pasteur, pain véritable,
Jésus aie pitié de nous

nourris-nous, protège-nous,
fais-nous voir le bien suprême,
dans la terre des vivants.
Toi qui sais et qui peux tout,
toi notre nourriture d'ici-bas,
prends-nous là-haut pour convives
et pour héritiers à jamais dans la famille des saints.

Donné à Rome, près de Saint-Pierre, le 17 avril 2003, Jeudi saint, en la vingt-cinquième année de mon pontificat et en l'année du Rosaire.

Joannes Paulus II

TABLE DES MATIÈRES

Achevé d'imprimer en avril 2003
dans les ateliers de Normandie Roto Impression s.a.s.
61250 Lonrai
N° d'édition : 12099
N° d'impression : 031125
Dépôt légal : avril 2003

Imprimé en France